RÉFLEXIONS

SUR LA

DOCTRINE DE SAINT-SIMON

1831

RÉFLEXIONS

sur la

DOCTRINE DE SAINT-SIMON

A travers dix-huit siècles de combats et de victoires, le Christianisme, prêché par des pauvres, soutenu par des martyrs, avait marché, tel qu'un géant, à la conquête du monde. Son pied foulait les ruines de Rome idolâtre ; autour de lui ses adversaires terrassés jonchaient l'arène. Il étendait les bras pour appeler tous les peuples de la terre, et les peuples accouraient dans son sein. Son empire s'étendait de jour en jour, prêt à embrasser dans ses limites toutes les régions du globe.

Voilà qu'un nouvel assaillant est descendu dans la lice. Une nouvelle doctrine réclame à son tour le sceptre de l'univers. Les disciples de Saint-Simon le philosophe s'avancent pour annoncer la chute du Dieu des chrétiens, et élever, disent-ils, sur les débris de la vieille croyance, une religion neuve, puissante pour le bonheur de l'humanité.

Mais avant de croire à leur parole, la raison les cite à son tribunal ; elle est désireuse de voir quels sont ces fiers envahisseurs de la société chrétienne, quelles armes ils apportent au combat, quel est enfin ce système hardi qu'ils proposent à la régénération du genre humain.

La doctrine saint-simonienne se divise en deux parties : la première, *historique* et *critique*, destinée à donner une explication satisfaisante des révolutions religieuses qui se sont succédé sur la face de la terre, à constater la mission du Christianisme, sa décadence et le besoin d'une croyance nouvelle; la seconde, *dogmatique* et *organique*, consacrée à l'exposition de l'œuvre de Saint-Simon, des dogmes qu'il a proclamés et de l'organisation sociale dont il a tracé le plan.

Examinons successivement ces deux divisions du système qui nous est proposé : considérons d'abord si la théorie historique, qui lui sert de base, est d'accord avec les faits ; nous entrerons ensuite plus avant dans la discussion, et nous essayerons d'apprécier la doctrine en elle-même.

EXAMEN DU SYSTÈME HISTORIQUE ET CRITIQUE
DE SAINT-SIMON.

APPRÉCIATION DU CHRISTIANISME.

« L'homme, selon les modernes apôtres, se peut
« considérer sous deux aspects divers : sous le point
« de vue matériel, ses attributs sont la force et la
« beauté ; sous le point de vue spirituel, l'intelli-
« gence et la sagesse le caractérisent. Indéfiniment
« perfectible, le but de son existence est l'égal déve-
« loppement de ces deux ordres de facultés selon la
« loi du progrès.

« Le genre humain est l'homme en grand ; l'hu-
« manité est un être collectif qui opère son éduca-
« tion sous la main de Dieu même, et Dieu lui
« révèle à chaque époque ce qu'elle doit faire, soit
« pour entreprendre, soit pour continuer sa marche.
« Mais un jour vient où la révélation est dépassée
« par le progrès : alors la critique s'élève, le vieil
« édifice croule, une autre organisation devient né-
« cessaire, une nouvelle somme de vérités doit se
« manifester à l'esprit humain, pour succomber à

« son tour aux attaques de l'incrédulité, quand elle
« sera devenue insuffisante. Ainsi doivent se succé-
« der les révolutions, jusqu'à ce qu'une révélation
« définitive comprenne tous les besoins de l'huma-
« nité, embrasse et favorise tous ses développe-
« ments.

« En appliquant ces pensées philosophiques à
« l'étude de l'histoire, on les trouvera vérifiées par
« les faits. L'humanité, aux jours de son enfance,
« semble dévouée à une existence matérielle : les
« idées religieuses percent à peine à travers un
« voile épais. Leur première forme est le fétichisme :
« le polythéisme et le monothéisme lui succèdent.
« Mais ces notions obscures, incomplètes, ne suf-
« fisent plus aux besoins toujours croissants de
« l'esprit humain : le criticisme philosophique les
« détruit, et prépare les voies à l'Évangile.

« L'Évangile paraît : une nouvelle ère com-
« mence. Le règne de la chair est passé : l'esprit la
« subjugue à son tour. La société se recompose, et,
« sous les auspices de l'Église, l'Europe a marché
« durant quinze siècles dans la carrière du perfec-
« tionnement moral.

« Mais le Christianisme était encore loin d'em-
« brasser tous les rapports de l'homme, et de pou-
« voir satisfaire toutes les exigences de la raison
« devenue plus forte. Il méconnaissait les néces-

« sités physiques en jetant l'anathème sur la *chair*.
« et par conséquent sur l'industrie. Dans l'ordre
« spirituel, il condamnait à l'oubli les sciences,
« les arts et la vie sociale. Par lui, toutes les facul-
« tés, tous les développements de l'homme, venaient
« s'absorber dans la contemplation des mystères et
« la pratique du culte. Enfin, ses promesses étaient
« trop austères, et ses préceptes trop rigoureux,
« pour suffire longtemps à un être destiné à vivre
« d'une vie matérielle au milieu du monde sen-
« sible.

« Aussi la raison a-t-elle jugé la loi qui lui avait
« été imposée, et elle l'a trouvée trop lourde. Les
« vieux mystères lui ont paru surannés, et le culte
« ridicule : elle en a fait justice. Trois siècles d'in-
« crédulité et d'hérésie ont renversé l'édifice chré-
« tien. Il fallait édifier sur ces ruines : le monde
« appelait un révélateur. SAINT-SIMON est venu (1). »

Ainsi les disciples de la nouvelle croyance dé-
roulent à leur gré, dans un brillant langage, le
vaste tableau des phases de l'humanité. La philosophie chrétienne va prendre la parole pour leur
répondre.

« L'âme, en réfléchissant sur elle-même, se re-

(1) *Doctrine de Saint-Simon, exposition*, première année,
séances 5, 13, 14, 15, etc. *Enseignement central*, pages 19, 24. Le
Globe, passim. Le *Précurseur*, 6 et 10 mai.

« connaît, se distingue de tout ce qui l'environne :
« elle aperçoit que ce corps, ces organes physiques
« qui la servent, sont à elle, et non pas *elle ;* que
« sa vie est indépendante de la leur.

« Toutefois ses relations avec le monde devaient
« avoir une part dans son existence ; aussi elle est
« modifiée par les objets extérieurs : elle *sent,* elle
« éprouve des besoins, elle passe alternativement
« du malaise au bien-être, du plaisir à la douleur.
« Cette série de faits se résume sous le nom de
« *sensibilité.*

« Au delà de ces limites se découvre un monde
« plus vaste ; des phénomènes plus grands se mani-
« festent. Les idées du *beau,* du *vrai,* du *juste,* du
« *saint,* apparaissent comme une vision céleste, et
« se révèlent d'une manière nécessaire, spontanée.
« Là aussi se trouvent des exigences, mais bien plus
« fortes ; des sentiments, mais bien plus nobles ;
« des jouissances, mais bien plus pures : là tout
« porte le cachet de l'Infini, le sceau de Dieu.
« Cette révélation constante, cette lumière perpé-
« tuelle qui éclaire *tout homme venant dans ce*
« *monde,* a reçu de l'école philosophique moderne
« le nom de *Raison* ou *Sens commun.* Portée à
« un haut degré, elle s'appelle dans le langage
« vulgaire l'*Inspiration,* le *Génie.*

« Entre ces deux sphères qui tiennent chacune

« un bout de l'existence humaine, gravite inces-
« samment la volonté, le moi. Libre par sa nature,
« il peut à son gré descendre vers le fini, ou s'é-
« lancer dans les hauteurs de l'infini, se replier
« sur le monde matériel par le moyen de l'indus-
« trie, ou monter à Dieu tour à tour par les arts,
« les sciences, la justice, la religion.

« Mais, tandis que les nécessités physiques se ma-
« nifestent avec promptitude et intensité, tandis
« que la sensibilité se développe avec une énergie
« frappante ; les notions rationnelles, au contraire,
« ne se présentent d'abord qu'à l'état de percep-
« tions obscures, indistinctes : l'attention, la ré-
« flexion, est la condition de leur développement.
« Or comment l'homme, absorbé qu'il est par les
« sensations qui l'assiégent, pourra-t-il *réfléchir*
« sur ces phénomènes spirituels si subtils, si fu-
« gitifs, qui se succèdent comme des éclairs ra-
« pides sur un horizon ténébreux? Condamné à
« une vie matérielle, il lui serait donc à jamais
« impossible de s'élever aux idées intellectuelles
« et morales, si un agent extérieur ne venait le
« réveiller de son assoupissement, et s'emparer de
« son attention pour la diriger et la soutenir. Cet
« agent, c'est l'éducation : elle s'opère par la pa-
« role ; à la parole donc il appartient d'affranchir
« l'âme du joug de la chair ; de lui donner une

18.

« impulsion bienfaisante, et de la transporter dans
« la région des idées.

« Ainsi fut fait l'homme : sa loi est de marcher
« sans cesse dans la voie du progrès, en suivant la
« sage économie de la nature, en subordonnant le
« développement physique au perfectionnement
« moral et intellectuel. La santé, disait Platon,
« c'est l'harmonie de toutes les puissances de
« l'âme.

« Appliquons au genre humain ce qui vient
« d'être dit sur la nature de l'homme en général,
« et remontons à son berceau. Abandonné à lui-
« même, à ses passions, à ses incertitudes, pou-
« vait-il, voyageur isolé aux déserts de la vie,
« s'engager dans les sentiers de la perfection,
« sans qu'une main paternelle lui indiquât le but
« et le chemin ? Pouvait-il, sans une éducation
« puissante, sans une *parole divine*, secouer les
« chaînes de la matière, et atteindre à la hauteur
« du monde spirituel ? Dieu donc *conversa* avec
« l'homme des anciens jours; il se révéla à lui
« dans toute sa pureté et sa grandeur. Il fit plus :
« il révéla l'homme à lui-même; il lui fit con-
« naître sa nature, sa mission et ses devoirs.

« Et l'homme, malgré tous ces bienfaits, suc-
« comba à la tentation des sens; il en devint l'es-
« clave. Dieu le *chassa de sa présence;* et, désor-

« mais déchu, il erra dans le monde, emportant
« avec lui le souvenir lointain de la révélation
« primitive. Peu à peu les traditions sacrées s'ef-
« facèrent de sa mémoire ; de dégradation en dé-
« gradation, il descendit jusqu'au dernier degré
« d'abaissement, et l'humanité eût péri, si la
« parole vivifiante ne fût venue régénérer l'u-
« nivers.

« L'Évangile rend l'homme à sa dignité pre-
« mière ; il lui ouvre une carrière immense dont
« le but est Dieu : et, comme la beauté, la vérité,
« la justice, la sainteté, sont les caractères consti-
« tutifs de la perfection divine, les arts, les scien-
« ces, la vertu, la religion, sont comme autant de
« degrés qui élèvent l'âme au Créateur ; or la reli-
« gion, étant l'anneau le plus élevé de la chaîne,
« est le couronnement de tous les progrès de l'hu-
« manité ; elle est la sœur aînée de la justice, des
« sciences et des arts.

« Cependant les nécessités physiques n'ont pas
« cessé d'exister, et l'homme doit y pourvoir. Mais
« qu'il se souvienne que la vie matérielle est l'in-
« strument et non le but de son existence ; mais
« qu'il veille sur lui : car, si la chair reprend son
« empire, l'esprit retombera dans son antique
« servitude.

« Ainsi le Christianisme se présente, non

« comme une législation exceptionnelle, non
« comme la constitution d'une époque, mais
« comme la loi générale, la loi éternelle du genre
« humain. Attentif à tous ses besoins pour y pour-
« voir, à tous ses développements pour les favo-
« riser, il assista à son berceau, il assistera à
« son dernier soupir, ou plutôt il l'accompa-
« gnera dans la patrie céleste qu'il lui promet : le
« Christianisme est donc essentiellement *catholi-*
« *que* (1). »

(1) Cette doctrine n'est point celle d'un seul homme; c'est le sommaire de la philosophie des Livres saints, des Pères et des Docteurs de l'Église.

Ses premières traces se perdent dans l'antiquité la plus reculée; elles apparaissent plusieurs fois dans les psaumes de David, surtout dans les proverbes de Salomon ; on les retrouve encore enveloppées de mystères et d'allégories dans les traditions de la Perse et de l'Inde, d'Orphée et de Pythagore. Platon s'en empara, et les réduisit en système. Toutefois sa position au sein du paganisme devait voiler pour lui une portion de la vérité. Une lacune exista donc dans ses enseignements : il conjectura la nécessité du Verbe révélateur ; mais il ne sonda point la profondeur de cette idée, et la théorie du Λόγος ne se montra dans sa doctrine que comme un germe imparfait.

Mais, dès la naissance du Christianisme, cette grande pensée apparut lumineuse dans les écrits de ses apôtres et de ses défenseurs. Elle existe même dans les livres les plus vénérables : à la tête de l'Évangile du disciple bien-aimé et dans les Épîtres immortelles de saint Paul. Faut-il donc s'étonner si les premières conquêtes de la foi furent des adeptes de Platon? ils trouvaient dans cette religion divine le complément de toute leur science ; et d'ailleurs, le platonisme, écoulement lointain de la révélation primitive, ne devait-il pas se confondre avec la révélation nouvelle qui venait, comme un beau fleuve, purifier et féconder l'univers? Justin, Athénagore, Théophile, Pantène, Clément d'Alexandrie, Origène, Augustin, vin-

Sans doute de profondes réflexions philosophiques pourraient décider entre ces deux grands systèmes ; et les discussions dans lesquelles nous entrerons ultérieurement n'y seront pas étrangères. Mais ici c'est l'histoire qui est appelée à trancher le nœud : c'est en comparant les théories avec les faits qu'il sera facile d'en apprécier la valeur.

Nous nous livrerons donc à un consciencieux examen ; et, portant successivement nos regards sur l'antiquité, le Christianisme et les temps modernes, nous nous efforcerons de tirer de cette étude des conséquences lumineuses, de grandes et importantes leçons.

---

rent sceller cette belle alliance, ou plutôt ils accoururent dans les bras de l'Église, comme des fils dans les bras de leur mère.

À une époque plus moderne, ces belles doctrines, longtemps obscurcies par la scolastique, ont repris un nouvel essor. Descartes donna le signal ; avec lui marchèrent Malebranche, Bossuet et Fénelon, Leibnitz et de nombreux philosophes de l'école allemande. Et, de nos jours, nous avons vu sur les ruines du matérialisme s'élever encore la philosophie platonique et chrétienne à qui l'avenir appartient. Voyez pour la philosophie du Christianisme le livre des *Proverbes* et l'*Ecclésiastique*, *passim*; *Évangile* selon saint Jean, chap. i; saint Paul, *Épîtres*, *passim*; saint Justin, *Apologies*; saint Clément, *Stromates*; Origène, *contra Celsum*; saint Augustin, *de Quantitate animæ*, etc., etc.; Fénelon, *Existence de Dieu*; Bossuet, *Connaissance de Dieu et de soi-même*; de Bonald, *Recherches philosophiques*; Cousin, *Fragments philosophiques*; Lamennais, etc., etc. Voyez encore Degerando, *Histoire comparée des systèmes*, chap. xxii.

I

Longtemps on a cru, et au siècle passé on croyait encore, que la première religion de l'homme avait été un grossier fétichisme. Les savants étaient persuadés que les sauvages auteurs de l'espèce humaine avaient dû s'agenouiller devant les phé-nomènes matériels pour leur offrir l'hommage de leurs adorations et de leurs terreurs. Enfin on s'était habitué à répéter avec Lucrèce : *Primus in orbe deos fecit timor.*

Cependant une attention plus sérieuse se porta sur ce sujet. Des recherches approfondies furent entreprises principalement en Allemagne, aux Indes, en Amérique, pour retrouver les débris du monde primitif : d'étonnants résultats ont cou-ronné ces efforts.

La mythologie grecque et romaine, si compli-quée, si fertile en apothéoses, si riche de fic-tions, d'absurdités même, aux temps de Périclès et d'Auguste, se simplifie d'une manière merveil-leuse à mesure qu'on remonte à des siècles plus anciens. Il y a sans contredit bien plus d'unité et de profondeur dans les traditions orphiques que dans la théogonie d'Hésiode ; et la théogonie à son tour est bien autrement majestueuse et simple que les métamorphoses d'Ovide. A l'ombre du sanctuaire et sous le sceau du silence, la doctrine des anciens se découvrait aux initiés ; c'était l'âme, l'essence de la religion : toute la fable, avec ses inventions bizarres, tout le culte avec ses cérémonies pompeuses, n'en étaient que l'expression figurée. A travers le voile de l'allégorie, on peut signaler les traces d'un enseignement sublime (1). Zeus, le roi des dieux, le souverain seigneur, compose avec ses deux frères la trinité grecque. A sa voix le monde sort du chaos : l'homme, enfant de la boue, est animé d'un feu céleste ; l'âge d'or se lève sur son berceau. Mais voilà que la femme a perdu le genre humain : tous les maux s'échappent de la boîte de Pandore ; il n'y reste que l'espérance. Le siècle de fer a commencé ; il durera

---

(1) Voici le jugement que le savant Creutzer porte sur les mystères des Grecs :

« Dans ces traditions emblématiques des temps antérieurs que les « mystères exprimaient sous une forme sensible, étaient repré- « sentés les grands êtres qui président au monde, procédant à « l'œuvre de leurs créations, le Démiourgos avec le soleil et la « lune, avec Hermès, ou la parole de la sagesse revêtue d'un corps... « On gravait dans le cœur des Époptes les hautes vérités d'un Dieu « unique et éternel, de la destination de l'univers et de celle de « l'homme... On exprimait la doctrine de la palingénésie et de « l'immortalité de l'âme. » (*Symbolik und Mythologie*, etc. 4 *Theil Seite* 518, *zweite Ausgabe*, 1821.)

jusqu'au jour où un enfant divin viendra effacer la
tache du crime originel (1).

Veut-on remonter à une époque plus reculée?
D'une part, se présentent les Pélasges, premiers

(1) L'idée d'une faute originelle et du révélateur à venir se trouve
souvent dans les livres de Platon.

« Ne faut-il pas avouer, dit-il dans sa *République*, que tout ce
« qui vient des dieux est toujours aussi excellent que possible, à
« moins qu'une faute primitive n'y ait entremêlé un mal néces-
« saire? — Sans doute. »

Οὐκ ἐμολογήσαμεν, ὅσα γε ἀπὸ θεῶν γίγνεται, πάντα γίγνεσθαι ὡς
οἷόντα ἄριστα; εἰ μή τὸ ἀναγκαῖον αὐτῷ κακον ἐκ προτέρας ἁμαρτίας
ὑπῆρχε; — Πάνυ μὲν οὖν. (*De Republica*, lib. X; *opera Platonis.
editio stereotypa Lipsiæ*, t V.)

Le passage suivant est plus connu : « SOCRATE. Il est donc néces-
« saire d'attendre que quelqu'un vienne nous enseigner quelle doit
« être notre conduite envers Dieu et envers les hommes. — ALCI-
« BIADE. Quand viendra ce jour, et quel est celui qui enseignera
« ces choses? — SOCRATE. C'est celui qui a l'œil ouvert sur toi. »
ΣΩΚΡΑΤΗΣ. Ἀναγκαῖον οὖν ἐστι περιμένειν ἕως ἄν τις μάθῃ, ὡς δεῖ
πρὸς Θεοὺς καὶ πρὸς ἀνθρώπους διακεῖσθαι. — ΑΛΚΙΒΙΑΔΗΣ. Πότε οὖν
παρέσται ὁ χρόνος οὗτος, καὶ τίς ὁ παιδεύσων; — ΣΩΚΡΑΤΗΣ. Οὗτος
ἐστιν ᾧ μέλει περὶ σοῦ. (*Alcibiades secundus.*) Voyez aussi le *Ban-
quet*, l'*Épinomis*, etc.

Cette pensée se reproduit dans une multitude de fables mytholo-
giques. C'est Apollon, le fils de Zeus, descendu sur la terre pour
exterminer le *serpent Python*; c'est Héraclès, force divine incarnée
pour la destruction du principe du mal; c'est ce Dieu sauveur
(Σωτήρ), attendu pour délivrer l'univers; c'est cet enfant mystérieux
chanté par Virgile :

> Quo duce, si qua manent sceleris vestigia nostri,
> Irrita perpetua solvent formidine terras.

On peut encore consulter sur ces différents mythes *Fragments
orphiques*; Hésiode, *Théogonie*; Ovide, *Métamorphoses*, l. I; Hésiode, les *Œuvres* et les *Jours*, v. 60-199; Virgile, *Géorgiques*,
l. II, vers 525; *Églogue* 4; Platon, *passim*, etc., etc.

habitants de l'Hellade, adorateurs d'un Dieu-Providence, sans idoles et sans nom (1). Et, de l'autre côté, c'est la mystérieuse Égypte, avec ses sphinx et ses hiéroglyphes; l'Égypte trop longtemps calomniée, parce qu'elle était mal comprise. Aujourd'hui une main puissante a remué la poussière des pyramides et réveillé la grande pensée religieuse qui dormait dans les ruines de Thèbes et de Memphis, et du milieu des innombrables et monstrueux symboles on a vu apparaître le dogme du Dieu triple et un (2).

Un autre savant investigateur de l'antiquité a rapporté du centre de l'Asie le Zend-Avesta, monument sacré de l'enseignement des mages : là se reproduisent encore la triade divine, la lutte du génie du mal contre le Dieu très-bon, l'âge d'or, Adimo le premier père, séduit par la ruse d'Arimane sous la forme du serpent, la médiation de Mithra et la venue du Dieu sauveur, les jugements

(1) Avant l'arrivée des Égyptiens, selon Hérodote, les Pélasges sacrifiaient aux dieux avec des prières : ils ne leur donnaient aucune dénomination, aucun nom propre. Ils les désignaient seulement sous le nom de *Dieux*, parce qu'ils avaient établi l'ordre et les lois dans l'univers.

Ἔθυον δὲ πάντα πρότερον οἱ Πελασγοὶ θεοῖσι ἐπευχόμενοι· ἐπωνυμίην δ' οὐδ' οὔνομα ἐποιεῦντ' οὐδενὶ αὐτέων. ΘΕΟΥΣ δὲ προσωνόμασάν σφεας ἀπὸ τοῦ τοιούτου, ὅτι κόσμῳ ΘΕΝΤΕΣ τὰ πάντα πράγματα καὶ πάσας νομὰς εἶχον. (ΕΥΤΕΡΠΗ, l. II, c. LII.)

(2) Plutarque, *de Iside et Osiride*; Champollion, *Œuvres*; Chateaubriand, *Études historiques*, tome II.

éternels sur le *pont de la mort*, les peirⁿs et les récompenses à venir (1).

En même temps, les William Jones, les Schlegel, les Creutzer, reconnaissaient dans les pagodes gigantesques de l'Inde, au sein des colléges de Brahmes, le vaste foyer de toutes les traditions orientales, dont les rayons se répandirent autrefois à travers l'Égypte et la Perse, jusque dans la Grèce et la Germanie. De laborieuses recherches, en dépouillant le dogme des formes étrangères, dans lesquelles quatre mille ans d'existence l'avaient enveloppé, ont fait paraître des débris magnifiques encore de la parole primitive. Brahma, Vishnou, Siva, la triade toute-puissante; Vishnou le Verbe, le Médiateur fécondant la matière inerte, et s'incarnant pour racheter l'homme déchu; le palais de la Divinité ouvert aux âmes des bons; la sombre demeure d'Indra qui attend les mânes criminels; la force de la prière (*Gaiatri*), l'expiation par le sacrifice, l'immolation de l'agneau pour la rédemption des péchés (*Eckiam*)... : tels sont les éléments principaux de ce grand système religieux, qui couvrit durant tant de siècles la moitié de l'Asie et de l'Europe (2).

---

(1) *Zend-Avesta*, traduit par Anquetil-Duperron. *Mém de l'Acad. des inscriptions.* Thomas Hyde, *de Religione veterum Persarum.*
(2) Creutzer, *Symbolique universelle.* F. Schlegel, *Uber die Spra-*

Voici la Chine, le vaste *empire du milieu*, séparé de tout le reste de l'univers par sa situation et ses mœurs. Ses livres les plus anciens respirent la naïveté de la religion patriarcale. La croyance à un Dieu unique, Empereur suprême, Esprit du Ciel, de vagues notions de la Trinité, le respect pour les morts, l'attente d'un Sauveur saint par excellence, une morale enfin pleine de douceur et de pureté : telle est la doctrine que Confutzée avait recueillie dans les annales et la tradition (1).

Les mêmes idées se représentent dans l'Edda scandinave, dans les mythes des Finnois, des Slaves et des Celtes. Chez tous ces peuples le nombre *trois* est celui des dieux qui gouvernent le monde, dans toutes leurs traditions se retrouve la mémoire de la lutte de l'esprit du mal contre l'auteur du bien et de la chute du premier homme (2). Les hordes

che und Weisheit der Indier. William Jones, *Works. Asiat. Researches.* Le *Catholique*, recueil périodique publié par M. d'Eckstein.

(1) Du Halde, *Histoire de la Chine. OEuvres* de M. Abel Rémusat. Les *Livres* de Confucius.

(2) Les légendes de l'Edda, pleines de grandeur et de poésie, sont fortement empreintes d s croyances primitives. Odin, le tout-puissant, engendre la Trinité scandinave : Thor, Freyr et Balder. Balder, le plus beau des enfants du ciel. A la voix de cette triade créatrice, le monde s'élance du néant. L'homme paraît : l'âge d'or se lève sur la terre : l'arbre de vie et de science, Yggdrasill, étend au loin son ombrage : à ses pieds le serpent rampe, et s'efforce de ronger les racines. Car Loki, l'esprit du mal, a juré la perte du monde ; il a juré de faire tomber son courroux sur Balder, l'ami de

germaniques adoraient l'Esprit immense qui habite

l'homme et des dieux. Une lutte effrayante s'engage; Balder, le
fils de Dieu, succombe. Les cieux et l'univers s'abiment avec lui;
mais, bientôt rappelés à la vie, ils renaîtront plus glorieux, et Loki,
vaincu, sera chargé de chaines éternelles.

Tel est l'abrégé rapide de l'antique tradition de la Scandinavie;
celles des autres peuples du Nord présentent une ressemblance frappante. « La présence continuelle de la Trinité dans les mythes reli-
« gieux, dit un savant historien, n'est point un fait particulier à
« quelques nations. Le nombre trois et le nombre neuf, qui en
« est le carré, se reproduisent souvent dans les croyances celti-
« ques et allemandes. » (Mone, *Geschichte des Heidedthums in
nordl. Europa.* 1 *Theil, Seite* 65.)

Ne serait-il pas intéressant d'offrir une table synoptique de toutes
les formes que le dogme de la Trinité a reçues chez différents
peuples? J'ai essayé d'en présenter un léger essai dans le tableau
suivant, où l'on trouvera les noms de la Triade divine chez plusieurs nations païennes. Le mot *dieu*, placé entre parenthèses à
côté du nom supérieur, indique que cette dénomination *collective*
exprime l'essence, la substance divine; le mot de *père*, au contraire,
indique que l'Être ainsi désigné est le générateur des autres.

TRINITÉ DES LAPONS.

Jamala (*Dieu*). { Thiermes,
Storjunkare,
Baiwe.

TRINITÉ DES FINNOIS.

. . . . { Kawe (*le Père*),
Vaïnomonien,
Ilmaraïnen.

TRINITÉ DES PRUSSIENS.

. . . . { Picollos,
Perkunos,
Potrimpos.

TRINITÉ SLAVE.

. . . . { Bog (*le Père*),
Belbog,
Zernebog.

TRINITÉ LATINE.

Deus (*Dieu*). . { Jupiter,
Neptune.
Pluton.

TRINITÉ SCANDINAVE.

Odin (*le géné-
rateur*). { Thor,
Freyr,
Balder.

TRINITÉ CELTIQUE.

Hu (*Dieu*). . . { Ellyll-Gwidawl,
Ellykllyr,
Ellyll-Gurthumwll.

TRINITÉ GRECQUE.

Theos (*Dieu*). { Zeus,
Poseidôn,
Adès.

dans l'horreur des forêts (1), tandis que par delà les mers, dans les savanes vierges de l'Amérique, le sauvage habitant du désert adressait sa prière au Grand Esprit, maître de la vie. Les peuples de la Virginie et du Mexique attendaient un libérateur. L'O-taïtien lui-même avait sa trinité semblable à la nôtre quand les Européens abordèrent son île perdue dans les plaines de l'océan Pacifique; et les missionnaires qui lui portaient l'Évangile tressaillirent d'étonnement en l'entendant glorifier, dans sa langue barbare, le Père, le Fils et l'Esprit (2).

Tous les travaux historiques s'accordent donc à prouver que la religion originelle de l'humanité ne

TRINITÉ ORPHIQUE.		TRINITÉ HINDOUE.	
. . . . . .	Upsistos, Démiourgos, Psyché.	Parachatti (la toute-puissance)	Brama, Vishnou, Siva.
TRINITÉ ÉGYPTIENNE.		TRINITÉ THIBÉTAINE.	
Kneph (Dieu).	Osirei, Hor, Typhon.	. . . . . .	Om, Ha, Um.
TRINITÉ PERSANE.		TRINITÉ TAÏTIENNE.	
. . . . . .	Oromase, Mythra, Arhiman.	. . . . . .	Tane (le Père), Oro (le Fils), Taroa (l'Esprit).

Des recherches plus nombreuses amèneraient sans doute de nouveaux résultats.

(1) Tacite, de Germania.

(2) Gumilla, tome I, Vue des Cordillères; Mac-Carty, Annales des Voyages, îles de la mer du Sud; Journal des Voyages, tome XXVIII.

fut point un fétichisme grossier, mais un monothéisme pur, une sorte de christianisme primitif(1).
Enfants d'un Dieu très-bon, et fils d'nn homme
pécheur, les premiers humains durent à ce titre
emporter avec eux et le souvenir de la révélation
divine et celui de la déchéance paternelle. Les
membres de la grande famille marqués de ce dou-

(1) Les saint-simoniens ont bien senti le faible de leur système
historique : ils se sont efforcés d'éliminer les recherches des Orien-
talistes qui contrariaient leurs vues « Il en est, disent-ils, de ces
« fragments historiques comme des lambeaux de terrain, sur les-
« quels le géologue peut faire des hypothèses plus ou moins ingé-
« nieuses, mais où il ne porte jamais le cachet de la certitude
« scientifique... L'histoire de la civilisation européenne n'a pas
« seulement l'avantage de présenter une longue suite de termes ;
« mais encore aucune autre époque historique n'est mieux connue.
« Il y a plus : on peut affirmer à l'avance, que si l'*interpolation* de
« la série orientale est complète, elle n'offrira dans son ensemble
« que l'un des termes qui nous sont connus. » (*Doctrine*, première année, p. 54.)
Ainsi c'est sur le développement d'une population de deux
cents milions. pris pour base, que les fils de Saint-Simon s'apprê-
tent à établir la *loi* du genre humain ; et, portant leur prévention
dans l'étude de l'histoire entière, tout progrès ne leur apparait que
comme terme de la civilisation européenne. Un esprit consciencieux penserait, ce me semble, que la marche des peuples de l'Europe n'est au contraire qu'un terme du développement total du
genre humain ; qu'une loi générale doit être établie, non sur une
série de faits particuliers, mais sur l'examen de tous les phénomènes auxquels elle se rapporte, et qu'il est téméraire à l'homme
de vouloir forcer la nature à rentrer dans les cadres étroits qu'il a
tracés. De plus, l'histoire mythologique de l'Europe elle-même
dément l'hypothèse de Saint-Simon ; filles d'une même souche,
toutes les races humaines étaient héritières des mêmes croyances
révélées : l'observation l'atteste ; l'observation, non point restreinte
et tronquée, mais étendue à tous les peuples chez lesquels la science
a pu pousser ses investigations.

ble sceau se dispersèrent, et bientôt la différence
des temps, des lieux, des situations politiques, vint
altérer le fond de l'antique croyance. Chaque religion se revêtit de couleurs locales et de mensonges
poétiques. Le peuple d'Israël resta seul fidèle dépositaire des traditions du genre humain. Moïse et
les prophètes apparurent pour garder et entretenir
ce précieux trésor, jusqu'au jour où Dieu, rappe-
lant à lui toutes les nations, leur restituerait leur
antique héritage.

Ce jour arriva.

II

LE CHRISTIANISME.

A cette époque, l'empire romain, le colosse de
l'antiquité, commençait à chanceler sur ses pieds
d'argile; le vieux paganisme voyait ses dieux mé-
prisés languir sur leurs autels, et ses fables suran-
nées ne savaient plus trouver le chemin de la per-
suasion. Le corps social s'ébranlait jusque dans
ses fondements : les esclaves avaient déjà senti l'ini-
quité du joug qui pesait sur eux, et Spartacus avait
levé la tête. Le sang des guerres civiles fumait encore dans les champs de Pharsale et sur les rives

du Tibre : le pouvoir entre les mains du plus fort était une arme terrible, qui tuait la liberté, et plaçait le plus faible entre la servitude et la mort.

La philosophie et les sciences, également incapables d'expliquer l'homme et la nature, après avoir parcouru tout le champ des hypothèses, épuisé toutes les rêveries, s'étaient arrêtées pour s'abîmer dans le doute. La poésie et les arts, dégénérés de leur antique grandeur, s'étaient faits courtisans, et ne savaient plus offrir à l'âme ni consolations ni jouissances. Il manquait un point fixe à l'activité de l'homme : découragé en présence de sa propre dégradation, cet être malheureux s'était abaissé plus que jamais vers la terre : il avait cherché à s'endormir dans l'ivresse des voluptés sensuelles pour oublier son opprobre ; il s'était reposé dans l'abrutissement du désespoir.

Mais les voluptés étaient incapables de remplir un cœur créé pour de plus hautes destinées. Il y avait donc un malaise immense, un vide que rien ne pouvait combler. On attendait de l'Orient des hommes qui devaient conquérir le monde (1) : de tous les points du globe s'élevait comme un soupir universel, pour invoquer le désiré des nations.

C'était l'heure où Jésus-Christ, après avoir an-

(1) Tacite, Suétone, Cicéron.

noncé la bonne nouvelle aux pauvres d'Israël, prêché la loi de paix et d'amour, prouvé sa mission
par sa vie, sa mort et ses prodiges, remettait ses
pouvoirs à ses disciples, et disait à douze pêcheurs :
« Allez et enseignez par toute la terre. » C'était
l'heure où le Christianisme, en la personne de
Pierre, venait pieds nus, le bâton de pèlerin à la
main, prendre possession de Rome, au nom de son
Maître crucifié.

Et il lui fut dit comme au prophète : « Soufflez
« sur ces ossements, et commandez à la vie. » Il
commanda : la vie descendit sur ce vaste champ de
mort, et le genre humain se ranima, et le monde
fut renouvelé.

Si j'avais à énumérer tous les caractères sacrés
de la religion du Christ, toutes les marques de sa
mission, longue serait ma tâche. Il faudrait d'a-
bord exposer le vaste tableau de l'attente des nations
et la nombreuse série des prophètes, qui venaient
rappeler l'antique promesse. Puis apparaîtrait
Jésus avec ses prodiges, sa vie, sa mort, sa résur-
rection, et enfin l'excellence de sa doctrine, son influence bienfaisante, ses victoires et ses triomphes.
Car telle est la nature du Christianisme, que ses
bases sont accessibles à toutes les intelligences, et
que parmi ses preuves, les unes, historiques, et
pour ainsi dire matérielles, peuvent s'adresser aux

17.

esprits les plus grossiers; les autres, rationnelles et philosophiques, présentent un aliment solide aux âmes les plus élevées, aux pensées les plus hardies.

Mais ce n'est point une démonstration de la divinité du Christianisme que je dois établir : je me bornerai à une appréciation rapide de sa doctrine et de ses bienfaits.

A l'homme dégradé, repu des délices de la chair, tel que nous venons de le contempler, l'Évangile révèle une nouvelle existence : *Car l'homme ne vit pas seulement de pain, mais de toute parole qui sort de la bouche de Dieu.* Et il le réveille de son assoupissement pour lui découvrir toute l'horreur de sa turpitude, il lui tend la main pour le relever : il le fait renaître *de l'eau et de l'esprit*, et le place ainsi palpitant d'espérance et de joie dans une vaste carrière, dont le seuil est sur la terre, et le terme dans les profondeurs de l'éternité : Soyez parfaits comme votre Père céleste est parfait. Et qu'on ne dise point que le précepte est au-dessus des forces de celui qui doit le mettre en pratique. S'il est vrai que l'homme va s'élevant sans cesse sur l'échelle du progrès, le but que la religion lui propose ne devait-il pas être placé si haut, qu'on pût s'en approcher sans cesse, sans jamais le dépasser?

En même temps que le Christianisme dicte cette

loi, il donne l'essor à toutes les puissances intellectuelles et morales. Il s'adresse d'abord au sentiment religieux pour en faire l'âme de la vie humaine, il le développe en lui donnant une direction sublime. Le polythéisme avec ses dieux multiples et charnels, ses images grossières et licencieuses, ses fables absurdes, avait corrompu le cœur et outragé la raison de ses sectateurs, qui lui rendaient à juste titre l'indifférence et le mépris. La religion du Christ, au contraire, charme l'imagination par des tableaux tour à tour pleins de magnificence et de grâce, elle réchauffe, elle épure les affections, en leur présentant des objets sacrés ; elle parle à l'intelligence, en lui offrant des idées imposantes, des vérités fécondes, que les écoles philosophiques les plus célèbres n'avaient qu'à peine pressenties. A ce grand système l'unité préside ; non pas l'unité absolue, rêvée par les panthéistes de tous les siècles, mais l'unité créatrice et conservatrice, le Dieu unique et simple, foyer de toutes les existences, principe et fin de toute créature. Vers lui seul doivent converger toutes les pensées, tous les sentiments, toutes les œuvres. Revêtu de toutes les perfections qui font naître l'amour, il fait un précepte d'aimer ; de la charité naissent la foi et l'espérance, car on croit et on espère en celui qu'on aime. Glorieuse triade de vertus ! sur leurs ailes, l'homme s'élance vers son Père céleste, qui le comble à son tour de consolations et de lumières, qui lui promet pour prix de ses combats et de ses peines une vie immortelle, délicieuse. Oh! que ne puis-je montrer ici toutes les profondeurs de cette doctrine céleste? que ne m'est-il permis de dévoiler à tous les regards la beauté, la grandeur de ses dogmes, la douceur et la majesté de ses enseignements? Mais puisque des limites étroites me resserrent, qu'il me suffise d'observer qu'en s'environnant d'un culte et de mystères, le Christianisme fait preuve d'une vaste connaissance des besoins de l'humanité. Car telle est la grandeur de l'homme, que rien de fini ne saurait le satisfaire, il se dégoûte bientôt de ce qu'il possède et de ce qu'il comprend. Il lui faut un horizon sans bornes, des abîmes qu'il ne puisse sonder : il lui faut des *mystères*. Et cependant telle est sa faiblesse, que l'âme, incapable de s'alimenter continuellement d'idées pures, est obligée, pour soutenir son attention, d'emprunter le secours des sens : ce qu'elle pense, ce qu'elle éprouve s'exprime par des signes; les pensées, les émotions religieuses ont aussi leur expression nécessaire, inévitable : cette expression, c'est le *culte*. Ainsi une religion sans culte et sans mystères méconnaîtrait les exigences de la nature humaine, elle serait à la fois trop élevée pour l'ignorant, puisqu'elle ne parlerait pas à ses sens ; trop basse pour le savant, puisque, s'expliquant tout entière à son esprit, elle ne saurait pas apaiser ce besoin de l'infini qui le presse de toutes parts.

Comme la *religion* de l'Évangile se résume dans l'amour de Dieu, de même sa *morale* est renfermée tout entière dans l'amour des hommes, et proclame en quelques paroles tous les principes organisateurs de la société, « Qu'il est doux, « qu'il est heureux de vivre ensemble comme des « frères (1) ! Tu aimeras ton prochain comme « toi-même. Ne fais pas à autrui ce que tu ne « voudrais pas qu'il te fût fait (2). » A ces mots de ralliement, les membres de la grande famille se tendent la main, l'édifice social s'élève, le pouvoir y préside, le Christianisme lui prescrit ses devoirs. *Soyez justes, ô vous qui jugez la terre* (3) ! En même temps il revêt le chef d'une autorité sacrée, il le présente au peuple au nom de celui de qui *toute paternité procède* (4). Aux PUISSANCES ÉTABLIES RESPECT (5), et les chrétiens rendent à César ce qui est à César, prient et combattent pour ceux qui les persécutent, et la

(1) *Psaumes.*
(2) *Évangile.*
(3) *Ecclésiaste.*
(4) *Épître* de saint Pierre.
(5) *Épître* de saint Paul.

légion thébéenne se laisse massacrer par les
satellites de Maximien, plutôt que de tourner ses
armes contre son souverain légal : une auréole
de vénération entoure la tête des rois ; représen-
tants de la Divinité, leur personne est *inviolable et
sacrée*. A TOUS LIBERTÉ, et Jésus prêche la frater-
nité de tous les fils d'Adam, les justices de Dieu,
qui, *sans égard pour les personnes*, rend à chacun
selon ses œuvres, l'abaissement des riches, l'élé-
vation des pauvres ; et saint Paul annonce la
liberté des enfants de Dieu, non cette licence
effrénée qui ouvre la barrière à tous les crimes ;
mais cette noble indépendance de l'âme, lorsque,
affranchie du joug de la chair, elle ne craint plus
ceux qui peuvent donner la mort au corps, et se
meut librement vers le bien. *Fais ce que dois*,
disaient nos catholiques ancêtres, *advienne que
pourra*. — A la voix de l'Évangile, les chaînes de
l'esclavage tombent, le despotisme croule de toutes
parts, Théodose prend le sac et la cendre, pour
expier le massacre de ses sujets rebelles ; Clovis
est baptisé avec tout son peuple ; les princes com-
munient à côté du dernier de leurs vassaux, les
mêmes tombeaux reçoivent les grands et les petits,
la même croix veille sur leur cendre. CHARITÉ,
AMOUR ENTRE LES HOMMES, et ce précepte fait des
martyrs, ce précepte fait les Vincent de Paul,

ouvre la main du riche, remplit celle du pauvre, élève les hospices, attache la piété vigilante au lit de la douleur, donne un denier à la veuve, un asile à l'orphelin, un refuge au coupable repentant, détruit les haines, met le prêtre entre les deux ennemis qui brûlent de se déchirer, crée le droit des gens, et place le souverain Pontife comme médiateur entre les princes chrétiens, alors que la discorde a armé leurs bras (1). Au sein des familles, la loi de paix et d'amour répand les mêmes bienfaits ; elle bénit l'union conjugale, elle entoure le père de la tendresse et du respect de ses fils, elle parle au jeune enfant par la bouche de sa mère, elle éteint les premières étincelles de la jalousie, elle fait asseoir au foyer domestique le calme et le bonheur. La vie du chrétien est une fête continuelle. Écoutez avec quelle onction, avec quelle grâce la sagesse divine se plaît à tracer ce riant tableau : « Réjouis-toi, mon « fils, avec l'épouse de ta jeunesse, comme le faon « avec la biche qu'il a choisie ; que ton épouse soit « pareille à la vigne abondante qui suspend ses « grappes aux murs de ta maison ; que tes fils « se multiplient autour de ta table, ainsi que les « rejetons de l'olivier. Les enfants sont la cou-

(1) Guizot, *Leçons d'histoire.*

« ronne de leurs pères, et les pères font la gloire
« de leurs fils. Que ton père se réjouisse, et que
« celle qui t'a engendré tressaille d'allégresse.
« Les frères qui se prêtent secours sont comme une
« cité fortifiée (1). » Que si après cela on reproche
au Christianisme de n'avoir pas assez fait pour
l'ordre social, de n'avoir pas donné une forme
précise au gouvernement des peuples, qu'on
sache que la religion *catholique* doit comme telle
s'étendre à tous les temps et à tous les lieux ; car
la vérité religieuse ne change point, tandis que le
sort des empires, toujours imparfaits, est de se renouveler sans cesse selon les circonstances ; et les
formes de gouvernement varient et se succèdent
d'après les besoins des peuples. Seuls, au milieu
de ces révolutions et de ces ruines, les *grands*
principes moraux que l'Évangile a promulgués
demeurent inébranlables, destinés à servir de base
à tout édifice politique (2).

(1) *Proverbes, Psaumes.*
(2) C'est répéter contre le Christianisme une accusation banale,
vide de sens, que de lui reprocher une prétendue prédilection pour
le despotisme et la tyrannie. Qu'ils sachent, ceux qui parlent ainsi,
sous l'inspiration de l'ignorance et du préjugé, que les règles de
l'Index, dictées par le saint concile de Trente, frappent les doctrines machiavéliques d'une sévère réprobation.
   « *Item.* Quæ ex gentilium placitis, moribus, exemplis tyranni-
« cam politicam fovent ; et, quam rationem status falso appellant,
« inducunt, deleantur. » (*Index. Regulæ de correctione*, § 2.)
   S'il est un certain nombre de fidèles chrétiens dont les opinions

Portons plus loin nos regards, voyons s'il est
vrai que le Christianisme ait couvert les sciences
d'humiliation et de mépris. Ouvrons les Livres
qui servent de règle à la croyance : ils nous apprendront que Moïse, l'élu de Dieu, fut instruit
dans toutes les connaissances des Égyptiens (1);
que Salomon, le favori du Seigneur, le plus sage
des rois, était aussi le plus savant des hommes.
« Venez à moi, dit la Sagesse, et je vous ensei-
« gnerai. La science est plus précieuse que l'or,
« et ses paroles sont plus douces que le miel : ses
« chemins sont beaux, et ses sentiers pacifiques.
« Elle est pareille à un arbre de vie : heureux
« celui qui peut en goûter les fruits ! Dites à la
« Sagesse : Tu es ma sœur, et que la science soit
« votre amie (2). » Jésus est monté au temple : à
peine adolescent il étonne par ses réponses les
docteurs de la loi. Bientôt il prêchera aux pauvres,
en paraboles simples et naïves, des vérités inac-
cessibles aux plus grands génies de la Grèce; il
philosophera avec Nicodème, le plus éclairé des
Juifs; il appellera à lui Paul le sage, avec Pierre le
pêcheur. Déjà les apôtres ont reçu d'en haut les

particulières penchent vers le despotisme, ils se trouvent, sans le
savoir, en contradiction avec les principes de leur doctrine, et c'est
injustice que d'imputer à la religion des erreurs qu'elle désavoue.
   (1) *Exode.*
   (2) *Proverbes.*

dons de la science et des langues, ils annoncent la parole devant les rois et jusqu'au sein de l'Aréopage; et les premiers Pères de l'Église sont des philosophes d'Athènes et d'Alexandrie. Saint Clément, saint Justin le martyr, Athénagore, disciples de Platon, viennent se rendre à la religion du Christ. Saint Irénée fonde à Lyon des écoles en même temps que des autels. Origène, Tertullien, saint Jérôme, font retentir au loin l'éloquence de leur voix, et dévoilent aux regards surpris toute la profondeur de la doctrine qu'ils confessent. Basile et Grégoire, sortis des écoles athéniennes, étonnent le monde par leur science et leur vertu : partout où le Christianisme surgit, il s'entoure de lumières (1). Mais voici venir les fiers enfants du

(1) Ne serait-ce pas ici l'occasion de citer les pensées profondes, les encourageantes maximes des saints Pères sur l'utilité, la beauté, l'excellence des sciences et des arts? Mais ce seul sujet demanderait des volumes: il nous suffira maintenant d'en présenter quelques-unes.

« La philosophie, dit saint Clément d'Alexandrie, conduit à la « vraie sagesse. L'emploi des démonstrations donne une convic- « tion entière des vérités qu'elles établissent; la philosophie avec « leur secours pénètre la vérité et la nature des choses exis- « tantes... *Repousser l'étude des sciences profanes, c'est con-* « *damner l'homme à descendre au rang des brutes.* » (*Stro-mates*, livre IV, p. 282 et suivantes; livre VI, p. 655 et sui-vantes.)

« Les sceptiques, selon saint Jean Damascène, se contredisent eux- « mêmes, quand ils refusent à la philosophie le droit de connaître « les choses. Il n'y a rien de plus excellent que la connaissance; « elle est la lumière de l'âme raisonnable. Cherchons, explorons

Nord. Une force invincible les arrache des forêts de la Germanie et des rivages redoutés de la Bal-

« par des investigations persévérantes, consultons même les livres « des sages païens, nous y puiserons des vérités utiles, en les dé- « gageant des erreurs qui peuvent s'y trouver jointes. » (*Capita philosophica*, cap. i, 3, p. 9.)

Cette doctrine était aussi celle de saint Basile, lorsqu'il adressait aux jeunes disciples de la religion et de la science ces mémorables paroles : « Il faut s'entretenir avec les poètes, les historiens, les « rhéteurs, tous les hommes enfin, lorsqu'il en doit résulter « quelque secours pour l'éducation. » Et plus loin : « J'ai suffisam- « ment démontré que ces enseignements étrangers ne sont point « inutiles au bien des âmes. »

Καὶ ποιηταῖς, καὶ λογοποιοῖς, καὶ ῥήτορσι, καὶ πᾶσιν ἀνθρώποις ὁμι- λητέον ὅθεν μελλή πρὸς τὴν τῆς ψυχῆς ἐπιμελείαν ὠφέλειά τις ἔσεσθαι.

Ὅτι μὲν οὐκ ἄχρηστον ψυχαῖς μαθήματα τὰ ἔξωθεν δὴ ταῦτα ἱκανῶς εἴρηται. (*De legendis Gentilium libris*.)

« La science, disait saint Augustin, ne peut jamais être mau- « vaise, puisqu'elle est la conquête de l'intelligence et de la rai- « son. » *Scientia mala nunquam esse potest, quia ratione et intelligentia paratur.* (S. Augustinus, *de Quantitate animæ*, cap. vii.)

Écoutez saint Jérôme : « Ceux qui ont employé leur jeunesse à « l'étude des beaux-arts recueilleront dans un âge avancé les fruits « les plus doux de leurs travaux. » *Senectus eorum qui adolescen- tiam suam honestis artibus instruxerunt, ætate fit doctior, usu tritior, processu temporis sapientior, et veterum studiorum fructus dulcissimos metit.* (S. Hieronymus, *Epist. ad Nepotian.*)

Ce langage est aussi celui des Justin, des Origène, des Grégoire, des docteurs du moyen âge, des grands hommes dont l'Église se glorifie à une époque plus moderne. Que penser donc de ceux qui accusent le catholicisme de prêcher le mépris des lumières ? Que penser d'eux, sinon qu'ils blasphèment une doctrine qu'ils ne con- naissent pas, qu'ils ne veulent pas connaître ? Il leur serait si facile de parcourir les écrits des saints Pères !... Mais non, ils y liraient la condamnation de leur système : ils détournent donc les yeux pour ne pas voir le soleil qui dessillerait leurs paupières et dissiperait leurs rêves ; car leurs rêves leur sont plus chers que la lumière du jour.

Si c'est le nom de *profane* donné à la science par la religion :

tique, et les pousse vers le Capitole. A peu près comme ces avalanches orageuses qui se précipitent du haut des monts, entraînant avec elles tout ce qu'elles rencontrent sur leur passage, les barbares s'élancent vers Rome la superbe, entraînant avec eux les débris de la civilisation latine : leurs chefs farouches viennent s'asseoir triomphants sur les sépulcres des Césars. Oh! qui arrêtera leur course impétueuse? Qui pourra mettre à l'abri de ce choc terrible tous les monuments de l'esprit humain, élevés à grands frais par quinze siècles de travaux, et qu'un seul jour peut-être va détruire? Qui osera dompter ces cœurs féroces, se placer entre le vainqueur et le vaincu, et imposer aux conquérants les lumières des peuples subjugués? Ces prodiges seront l'œuvre du Christianisme. Voyez-vous ces pontifes qui arrêtent aux portes de leurs cités Attila le fléau de Dieu ? Bientôt ils feront plus : des assemblées d'évêques rédigent les constitutions des empires, les lois des Bourguignons, les décrets du concile de Tolède (1). Des

---

si c'est ce mot qui les effraye, qu'ils se rassurent et daignent jeter les yeux sur le livre élémentaire dont ils ont peut-être perdu la souvenance : le *Jardin des Racines grecques*. Ils y apprendront que le mot de *profane* (πρεφανής) signifie *clair, évident,* caractère essentiel de toute science, tandis que le sceau de la religion est le *mystère,* l'incompréhensibilité, attribut nécessaire de ce qui est infini.

(1) Guizot, *Leçons d'histoire.*

prêtres et des abbés entreprennent la restauration des lettres au temps de Charlemagne : durant les siècles belliqueux du moyen âge, tandis que les preux ne savaient pas signer, *attendu qu'ils étaient gentilshommes*, les sciences et les arts restaient comme un dépôt précieux entre les mains des fils du monastère : les disciples de saint Benoît consacraient leurs veilles à multiplier les copies d'Horace et de Virgile ; des prêtres fondaient la Sorbonne et l'Université. Enfin, quand l'aurore des belles-lettres reparut, quels furent leurs premiers disciples ? Bessarion, Baronius, Bellarmin, qui étaient-ils ? Et lorsque le concile de Trente se rassembla, n'y vit-on pas, de l'aveu de Ginguené lui-même, toutes les grandes lumières de l'époque ? La sainte Église romaine se réjouissait de ce réveil de l'esprit humain, comme la mère qui se réjouit en voyant se développer l'intelligence de son jeune enfant. Le clergé s'empressait de favoriser le progrès des lumières, et marchait lui-même à leur tête. Du fond d'un cloître, le moine Roger Bacon donnait l'essor aux sciences naturelles : Copernic, le chanoine de Frauenburg, concevait le système du monde; Christophe Colomb découvrait une moitié de la terre ; Keppler et Pascal élevaient à un haut degré de perfection les mathématiques et l'astro-

nomie; Gassendi, qu'on appelait le bon prêtre,
Descartes, qui allait à Lorette implorer pour ses
travaux la protection du ciel, Leibnitz, dont la
vie fut consacrée à la réunion des communions
catholique et protestante, ressuscitaient la philosophie et fondaient des écoles célèbres dont les
écoles de nos jours se glorifient encore d'être les
héritières. Huet, Kircher, Bossuet, Vico, retiraient
l'antiquité de ses ruines. Redirai-je les missionnaires portant avec eux les sciences chrétiennes
jusqu'aux plages lointaines de la Chine et du
Japon, les vastes collections des bénédictins de
Saint-Maur, des oratoriens et des jésuites? Nomme-
rais-je Malebranche, l'émule de Platon, Bourda-
loue, Fénelon, Fleury, la gloire du sacerdoce
français; les Lamoignon et les d'Aguesseau, chez
qui la vertu semblait héréditaire comme la
sagesse; Malpighi, Baglivi, Euler, Laplace et
Lavoisier, qui portèrent les connaissances physiques à un haut degré de perfection : et cet
illustre Benoît XIV, dont les louanges retentirent
jusqu'à la cour des Czars, jusqu'a la Porte Otto-
mane? Dirais-je l'ingénieuse sollicitude de ces
prêtres vénérables, dont les soins rendirent
la vie morale aux êtres malheureux, qui sem-
blaient séparés pour jamais de la société des
hommes : car l'éducation des sourds-muets est

encore une de ces célestes révélations du Christianisme? Compterai-je enfin ces innombrables établissements fondés par la piété catholique, où de saintes femmes, de zélés religieux, consacrent à l'enseignement primaire et à l'instruction du pauvre une vie obscure, mais pleine d'œuvres?

A côté des sciences apparaissent les arts : enfants de l'inspiration, le Christianisme leur sourit; il leur donne un élan sublime, il leur prête des ailes comme à la colombe, pour s'élever vers *Celui qui souffle où il veut*, qui distribue à son gré l'enthousiasme (1) et le génie. Écoutez ces voix harmonieuses : c'est Moïse entonnant l'hymne au Dieu libérateur; ce sont Judith et Débora, bénissant le Dieu qui frappa l'étranger par la main d'une femme; c'est David qui célèbre les grandeurs du trois fois Saint : « Louez le Seigneur, anges du « ciel, et vous aussi, enfants des hommes, louez le « Seigneur sur la lyre et la cithare; frappez les « cymbales retentissantes, embouchez la trompette, « faites frémir les cordes du psaltérion, pour chan- « ter un cantique à Jéhovah (2). » C'est Salomon qui convie tous les arts à orner le temple et les cé-

---

(1) Ce mot, dont on a trop abusé, est pris dans son énergie primitive : l'Enthousiasme, ἐνθουσιασμός, est cette action mystérieuse de Dieu sur l'âme, qui l'exalte, l'illumine, qui la remplit de sa divinité.

(2) *Psaumes.*

rémonies du culte; ce sont les prophètes dont les
pensées ardentes se débordent comme un torrent
de flammes; c'est l'Écriture entière qui n'est elle-
même qu'un long poëme plein de grâce et de majesté, où l'Esprit-Saint tour à tour soupire avec Ruth
et Tobie, gémit avec Job et Jérémie, tonne avec
Isaïe et Ézéchiel. A des époques plus modernes, le
feu sacré des arts s'entretient à l'ombre de la croix,
tandis que l'ignorance couvre l'Europe. L'archi-
tecture gothique s'élève avec ses mille arceaux, ses
mystérieuses rosaces, ses innombrables aiguilles
élancées au ciel, comme autant de désirs et de
prières. Sous leurs voûtes résonnent les chants religieux : aux accents solennels des orgues, le *Te
Deum* et le *Dies iræ* montent dans les airs, l'un
comme l'hymne magnifique de la reconnaissance,
l'autre comme un cri de mort mêlé d'espérance et
de terreurs. Là des artistes inconnus sculptaient ces
tombeaux superbes de nobles seigneurs et de preux
chevaliers que nous admirons encore. Puis le siècle
de Léon X se leva radieux de gloire et de génie. Le
catholicisme, qui avait rempli de grandes pensées
Pétrarque et Dante, inspira le Tasse, Michel-Ange
et Raphaël. D'une main il éleva la basilique de
Saint-Pierre, de l'autre il traça le *Jugement dernier* de la chapelle Sixtine. Sur les pas des grands
maîtres vola une foule nombreuse : Léonard de

Vinci, Rubens et le Poussin se plurent à reproduire sur la toile les mystères du Christ et les triomphes des saints. Le Puget et Canova consacrèrent leur ciseau au culte de cette religion vénérable, dont la foi remplissait leur cœur, et dont les préceptes réglaient leur vie. Chérubini et Mozart firent entendre des mélodies sacrées, pareilles à des accords angéliques échappés aux concerts du ciel. Enfin c'est Rome, c'est toujours Rome qui est dépositaire des traditions des beaux-arts; c'est à ce foyer de pensées catholiques que de jeunes hommes vont chercher tous les jours des idées puissantes, de majestueuses images; et, s'ils s'arrêtent encore quelquefois aux classiques tombeaux des Césars, c'est surtout sous les portiques du Vatican, et aux pompes pontificales, ou bien au sépulcre des apôtres et dans les catacombes des martyrs, qu'ils vont attendre l'inspiration.

On a assuré que l'Évangile jette l'anathème sur l'industrie, et prêche l'oisiveté de la vie contemplative; et cependant, aux jours de l'innocence et du bonheur, les Livres saints nous montrent le premier père cultivant de ses mains les jardins délicieux d'Éden; et plus tard il lui dit : *Tu mangeras ton pain à la sueur de ton front.* Les patriarches apparaissent livrés à la vie pastorale : Moïse ordonne le partage des terres entre les fils d'Israël, et

commande les travaux de l'agriculture. Oublierons-nous les éloges donnés par la Sagesse à
l'homme laborieux, le blâme déversé sur le lâche,
les louanges de la femme forte? « Elle s'est levée
« avant le jour, elle a distribué la tâche à ses ser-
« vantes, ses mains ont filé la laine et le lin, elle a
« vendu au Cananéen le fruit de son travail : elle
« n'a point mangé son pain dans l'oisiveté : ses
« œuvres font sa gloire (1). » Oublierons-nous que
Jésus-Christ et ses apôtres travaillaient de leurs
mains, et que saint Paul le recommande à son disciple? Déchirerons-nous ces pages attendrissantes
de l'Évangile, où toutes les comparaisons sont tirées
de l'agriculture et des ouvrages des champs, et la
parabole du serviteur inutile? Ignorons-nous qu'aux
époques de barbarie le défrichement et la culture
des terres furent dus aux communautés religieuses;
que partout où les missions catholiques ont pénétré, elles ont porté la charrue en même temps que
la croix, et enseigné l'art de féconder la terre avec
celui de gagner le ciel? Enfin n'est-il pas au milieu de nous des maisons consacrées au repentir et
à la pénitence, où la religion recueille des malheureux pour les occuper à des œuvres utiles? Les
couvents de trappistes et les établissements de re-

(1) *Proverbes.*

fuge ne sont-ils pas des lieux de travail et d'industrie? et le Christianisme ne flétrit-il pas l'oisiveté en l'appelant la mère des vices?

Que des voix ne s'élèvent donc plus pour dire que la religion catholique a perdu l'intelligence des besoins de l'humanité : ces besoins lui sont connus, elle sait venir au-devant d'eux pour les satisfaire; elle chérit les sciences, les arts et l'industrie; bien plus, elle les sanctifie en les faisant tendre au Créateur; elle apporte du ciel le feu sacré de l'amour pour les vivifier. Elle n'a de mépris que pour le vice, et d'anathème que pour le crime.

Chargée d'entretenir dans les cœurs, comme sur autant d'autels, les flammes divines de la foi, de l'espérance et de la charité, l'Église, mère commune de la grande famille, préside à son développement, l'unit dans une communauté de croyances et de promesses, la guide vers un même but.

III

L'ÉPOQUE ACTUELLE.

Ici les disciples de Saint-Simon nous arrêtent: « Les croyances, disent-ils, vont s'affaiblissant de

« jour en jour, le temps vient où il n'y aura plus
« de foi dans le monde, le protestantisme et la phi-
« losophie ont enlevé à l'Église toute sa vieille au-
« torité. Aussi les catholiques ne sauraient-ils ex-
« pliquer les attaques dirigées depuis trois cents
« ans contre elle, et, méconnaissant la perfectibi-
« lité humaine, ils sont obligés de considérer
« comme un égarement immense les trois siècles
« écoulés depuis Luther jusqu'à nous. »

Cette objection soulève une question grave, philosophique : l'appréciation de l'époque actuelle. Le
catholicisme, qui proclame l'homme perfectible,
ne saurait se trouver en contradiction avec lui-
même; sûr de ses destinées et de celles du genre
humain, il s'avance d'un pas calme et majestueux
à travers les tempêtes, parce qu'il en connaît les
causes et en prévoit le terme.

Posons d'abord cet axiome, que l'humanité, soit
qu'elle apparaisse dans l'homme individuel, soit
qu'on la considère dans la société tout entière, est
toujours la même, composée de mêmes éléments,
soumise à la même loi, aux mêmes progrès. Le
genre humain vit et se meut comme un homme;
lui aussi a sa raison et son intelligence; sa naissance, son enfance et sa jeunesse, sa santé et ses
maladies.

Cette vérité étant reconnue, jetons nos regards

sur la vie de l'homme, et nous y trouverons le mystère de la vie du genre humain.

Voyez comme l'homme est faible aux premiers jours de son existence, combien son intelligence est débile, comme sa raison semble assoupie! Que de peines, que d'enseignements répétés ne faut-il pas pour l'enfanter à la vie intellectuelle et morale! Mais aussi voyez-vous comme il est timide, simple et crédule, comme il accepte avec empressement tout ce qui lui est enseigné, comme il y ajoute ses propres exagérations, ses propres erreurs! Trop faible encore pour apprendre par lui-même, il se courbe volontiers sous le joug de l'autorité, *il croit*. Bientôt un jour viendra où l'intelligence plus développée sentira sa force, se demandera compte de ses idées et scrutera ses croyances : c'est l'âge du doute, de l'*examen*. Que si, désespérant d'atteindre à la vérité, et pressé d'ailleurs par ses passions naissantes, l'homme renonce à sa haute destinée pour se plonger tout entier dans les jouissances matérielles, malheur à lui! mais si, au contraire, il aspire à la découverte du vrai, s'il s'applique sans relâche à reconnaître ce qu'il y a de certain et de douteux, de primitif et d'altéré dans ses vieilles croyances, alors le temps n'est pas loin où, débarrassant la vérité qui lui avait été enseignée, des préjugés et des erreurs qui avaient pu s'y mêler et la corrompre, il la rétablira dans tout son éclat, il *croira*, non plus par instinct, mais *par conviction;* c'est là le plus bel âge de l'homme, l'âge où il s'avance d'un pas sûr dans les voies de la vérité et de la vertu.

Foi instinctive, *examen*, foi raisonnée ou *conviction :* telles sont les trois époques, telle est la loi de la raison humaine dans l'homme individuel, telle doit-elle être encore dans la société.

Le genre humain aussi fut faible aux premières années de sa vie : le Créateur lui devait secours et appui comme un père à son enfant. Il fallait lui donner non-seulement une vie matérielle, mais une existence morale. Aussi avons-nous montré les traces d'une révélation antique, première éducation de l'homme, rappelée sur les hauteurs du Sinaï, puis développée et consommée par les enseignements du Fils de Dieu. Toute l'antiquité païenne, toute la lutte du Christianisme et du polythéisme, ne fut que le long combat de la chair et de l'esprit, le laborieux enfantement de la société à la vie intellectuelle. Enfin la matière fut vaincue, le Christianisme triompha, l'Église fut chargée du vénérable dépôt de la doctrine, et les peuples *crurent* dans la simplicité de leur cœur. Mais un jour la société se demanda compte des idées qu'elle avait reçues, elle aussi eut son époque de doute et d'*exa-*

men, et, comme cet examen se pouvait faire de plus d'une manière, il était naturel qu'ici il fût sagement borné, et là excessif; que les uns, après avoir fait table rase de leurs croyances, tombassent dans le découragement, qui en est la suite, tandis que d'autres marcheraient de toutes leurs forces dans les routes de la science pour parvenir à la vérité.

Ces considérations, qu'on ne doit point regarder comme une pure hypothèse, puisqu'elles reposent sur l'étude de l'esprit humain, expliquent tout ce qui s'est passé depuis trois cents ans : le protestantisme du seizième siècle, l'incrédulité du dix-huitième, les doctrines égoïstes d'Helvétius et de Diderot, et les saturnales impies de 93.

Mais, de plus, ce système rend raison de la tendance religieuse des travaux scientifiques actuels, et de la direction nouvelle qu'ont prise depuis quelque temps la philosophie, l'histoire et la littérature. Le temps n'est plus où l'athéisme était de mode, où l'épicuréisme passait pour le sceau des esprits forts : du fond de l'abîme, l'esprit humain a jeté un long regard vers la lumière, il a secoué ses ailes, il s'est élevé à des pensées morales, platoniques et chrétiennes. Des génies puissants, partis chacun d'une sphère d'idées particulières, sont arrivés au même résultat : MM. de Maistre, de Bonald et Cousin ont fait succéder des doctrines grandes et généreuses aux désolantes maximes de Condillac et de Volney. Des philosophes, même de l'époque de Condillac, se sont associés à ce mouvement, et la science s'est embellie des écrits de MM. Portalis, Degérando, Laromiguière. D'un autre côté, le catholicisme s'est choisi dans la personne de MM. de Chateaubriand et de Lamennais, de glorieux défenseurs. Et, tandis que MM. Cuvier et de Humboldt prouvaient l'accord des recherches savantes avec les Livres de Moïse, un professeur illustre, malgré son attachement à la secte protestante, proclamait loyalement les bienfaits de l'Église; Benjamin Constant rendait un hommage éclatant à la religion chrétienne, dans un ouvrage entrepris sous une inspiration athée; M. Michaud retraçait d'une main pieuse les nobles souvenirs des croisades; M. Alphonse de Lamartine faisait entendre les accents d'une poésie vraiment chrétienne, semblable aux chants magnifiques des prophètes, semblable aux chœurs harmonieux de la vieille Jérusalem.

Tournez maintenant vos regards sur les peuples qui nous environnent : dites, quelle est cette main invincible qui entraîne dans le sein du catholicisme les savants de l'Allemagne protestante? quelle est cette énergie victorieuse qui a ramené au giron de l'Église les Creutzer, les Schlegel, les

Haller, les Stolberg, les d'Eckstein, devenus les appuis inébranlables de leur mère adoptive? dites, comment se fait-il que l'Angleterre émancipe le catholicisme, et se sente poussée elle-même vers cette grande unité dont un roi tyran la sépara? Comment se fait-il qu'aux États-Unis le nombre des catholiques, qui était de cinq mille à l'époque de l'indépendance américaine, soit de cinq cent mille aujourd'hui? Jetez les yeux sur l'Irlande et la Pologne, et voyez ce que peut encore la vertu de la croix : ou bien encore retournez-vous vers la Suisse, vers les jeunes républiques de l'Amérique méridionale. Là, tandis que le protestantisme se montre surtout favorable à l'aristocratie, par laquelle il avait pénétré dans l'Europe, le catholicisme, fidèle à la cause des peuples, veille au maintien des antiques libertés : il règne encore dans les cantons de Schwitz, Ury, Unterwalden ; il fleurit dans les murs de Mexico et de Lima : Guillaume Tell avait murmuré sa naïve prière, le jour où il donna l'indépendance à sa patrie, et les derniers soupirs de Bolivar expirant se collèrent sur le crucifix.

Oh ! que c'est donc avoir la vue courte et l'esprit faible, que de s'en aller faisant l'oraison funèbre du Christianisme, parce qu'on a abattu quelques croix dans Paris, ou parce qu'une cabale

irréligieuse s'est opposée quelque part aux proces-
sions publiques! Pour nous, nous acceptons l'é-
poque actuelle comme la fin des temps de doute,
comme l'heure où l'*examen* achève de s'opérer, où
la *conviction* va avoir son tour. Nous osons le
dire, et nous offrons de le prouver par des chif-
fres : lors même qu'on mettrait à part les ravages
de la réforme protestante, l'Église a toujours vu
augmenter le nombre de ses fils, et elle en compte
aujourd'hui plus que jamais (1). Mais voici l'ins-

(1) En comparant le nombre des catholiques avant la venue de
Luther avec le nombre actuel, on obtient pour résultat un accrois-
sement remarquable.

AVANT LUTHER.

Angleterre, Écosse, Irlande.	10,000,000
Norvége, Suède, Danemark.	5,000,000
Allemagne.	28,000,000
Pologne et Hongrie.	16,000,000
France.	24,000,000
Espagne et Portugal.	12,000,000
Italie.	15,000,000
Russie, Grèce, Asie, Afrique.	5,000,000
Total.	115,000,000

Ce nombre paraîtra exagéré sans doute, si l'on songe aux différentes hérésies de Wiclef, de Jean Huss, etc., qui ravageaient déjà
l'Angleterre et l'Allemagne ; au paganisme qui occupait encore
une partie considérable des régions septentrionales, et aux restes
nombreux de musulmans qui habitaient l'Espagne, jusqu'à l'édit
qui les expulsa.

Luther parut ; mais les conquêtes de l'Église dans l'Amérique,
dans le Levant, l'Inde et la Chine, sur les côtes de l'Afrique et dans
les îles environnantes; de plus, le développement de la population
en Europe, ont amplement dédommagé le catholicisme de ces
pertes. « En 1680, dit Malte-Brun, auteur protestant, on comptait

tant où les brebis séparées du troupeau rentreront au bercail, où les peuples, reconnaissant ration-

« 288,000 paroisses. » (*Géographie*, t. I) Or une paroisse représente communément en France 1,000 à 1,200 habitants. En réduisant ce nombre à la moitié, et en comptant seulement 500 fidèles par chaque cure, on obtiendrait une somme totale de 140,000,000 de catholiques. Depuis cette époque le domaine de la foi s'est étendu bien loin dans les contrées américaines; et lors du voyage de M. de Humboldt, on y comptait, dit-il, 25,000,000 de disciples de l'Église. Remarquons en outre que depuis 1680 la population a fait de grands progrès, et nous pourrons établir le dénombrement suivant :

Angleterre, Écosse, Irlande..	6,000,000
Suède, Norvége, Russie d'Europe.	1,000,000
France.	30,000,000
Espagne et Portugal..	18,000,000
Italie, Sicile, etc.	18,000,000
Allemagne.	10,000,000
Pologne, Lithuanie, Gallicie, etc..	10,000,000
Autriche, Bohême, Hongrie, Croatie, Illyrie. .	24,000,000
Grèce, Turquie, Archipel..	1,000,000
Amérique.	25,000,000
Afrique, Açores, Canaries, îles du cap Vert, Bourbon, etc..	1,000,000
Asie Mineure, missions de Bagdad, de Jaffa, de Jérusalem et de Damas, Maronites, Nestoriens nouvellement réunis, etc., etc.	4,000,000
Inde, Thibet, Cochinchine, Chine, Tonkin, etc..	4,000,000
Accroissement comparativement à l'époque de Luther. 55,000,000	
Si l'on observe que le catholicisme admet au nombre de ses fils tous les hérétiques et schismatiques de bonne foi, par conséquent tous les enfants au-dessous de l'âge de raison qui ont reçu le baptême, ce qui peut s'évaluer au tiers environ de la population, en élevant le nombre des chrétiens séparés de l'Église à 100,000,000 le nombre des catholiques s'accroîtra encore de.	50,000,000
Somme totale.	180,000,000

Que serait-ce si on considérait la quantité incertaine, probable-

nellement la divinité de leurs croyances, la divinité de l'Église, qui en est la garde et l'interprète,
se rallieront autour d'elle, et marcheront d'un pas
sûr sous la bannière du catholicisme, dans les
chemins de la civilisation et du bonheur. Ils marcheront toujours, toujours : car la route est belle,
les bornes de la perfection ne sont pas posées, et le
but est placé dans le sein de Dieu même.

EXAMEN DU SYSTÈME DOGMATIQUE ET ORGANIQUE DE SAINT-SIMON.

APPRÉCIATION DE SA DOCTRINE.

Nous avons tracé à grands traits le tableau du
Christianisme : comme son divin auteur, il n'a
d'autre histoire que celle de ses bienfaits, *pertrans-*

---

ment nombreuse, de chrétiens égarés qui vivent au sein d'une
ignorance invincible, qui croient aux fausses doctrines adoptées
par leurs pères, parce qu'il leur est impossible de soupçonner leur
erreur, et que l'Église, comme une mère indulgente, ne cesse pas
de compter parmi ses enfants?

Au reste, la désorganisation actuelle du protestantisme en Angleterre, en Allemagne, aux États-Unis, fait concevoir l'espérance
d'une réunion prochaine dont le besoin est senti par tous ces ra-
meaux détachés de la source génératrice, vivifiante.

iil benefaciendo. Il est temps de porter nos regards sur la doctrine de nos adversaires, de la considérer sous tous ses rapports, et de l'examiner, comme le Christianisme, dans son origine, sa nature et son application.

Mais la religion du Christ étant un fait historique, c'était dans l'ordre chronologique qu'il fallait l'étudier : la religion de Saint-Simon n'existe encore qu'à l'état de conception idéale ; c'est donc dans l'ordre logique ou rationnel que nous l'envisagerons. Nous l'observerons donc d'abord en elle-même ; puis nous remonterons à sa source ; nous essayerons enfin de calculer ses effets.

Ⅰ

LA RELIGION SAINT-SIMONIENNE CONSIDÉRÉE EN ELLE-MÊME.

« Les siècles du paganisme avaient été le triom-
« phe de la matière ; le Christianisme fut le règne
« de l'esprit. Aujourd'hui, lasses de six mille ans
« de combats, ces deux formes de l'humanité vont
« conclure une belle alliance : Saint-Simon a
« trouvé la loi définitive de la perfection ; elle se
« résume dans une religion vraiment complète
« qui embrassera tous les rapports de l'homme,

« qui renouvellera la face du monde, qui fera
« régner à jamais sur la terre la paix, la justice et
« l'amour.

« Cette religion la voici :

« DIEU est, non le Dieu matériel du fétichisme,
« non le Dieu esprit pur des chrétiens. Celui que
« Saint-Simon confesse est la somme de toutes les
« existences, *tout est lui*. Il est *dans son unité*
« *vivante*, amour : dans sa forme matérielle, la
« nature ou le monde; dans sa forme spirituelle,
« l'humanité.

« Dieu donc est l'âme du monde, pour ainsi
« dire, et le monde est son corps, sa forme co-
« éternelle, par conséquent incréée. Les saint-
« simoniens *ne peuvent comprendre* comment une
« substance spirituelle, sortie tout à coup de son
« éternel repos, *se serait décidée* au travail des
« sept jours pour créer un monde matériel.

« L'homme, manifestation finie de la Divinité,
« en est aussi l'image : comme elle, il est *dans*
« *son unité vivante* amour ou sympathie, intelli-
« gence et sagesse sous l'aspect spirituel ; sous
« l'aspect matériel, force, beauté. Son œuvre
« durant la vie est le perfectionnement de ces trois
« ordres de facultés. 1° Dans l'ordre physique, il
« peut, il doit se procurer le plus de jouissances
« possible, et travailler par l'industrie à l'embel-

« lissement de sa demeure; 2° dans l'ordre in-
« tellectuel, il faut qu'il marche sans cesse dans
« la connaissance de la vérité ; 3° dans l'ordre
« sympathique ou moral, sa loi est l'amour de
« Dieu et de ses semblables. — Après la vie, le
« sort qui l'attend est un mystère : confondu,
« absorbé dans le sein du *grand Tout*, de la Divi-
« nité, il participera au développement général de
« l'univers. Entre l'homme et Dieu, la sympathie
« s'exprimera désormais par l'action de grâces, non
« plus par la prière qui indique crainte et dé-
« fiance, qui semble prétendre à l'absurde pou-
« voir de faire changer Dieu même d'avis.

« Entre les hommes, le développement sym-
« pathique s'opère par l'état social. — Longtemps
« le but de la société fut l'exploitation de l'homme
« par l'homme, c'est-à-dire d'une part tyrannie,
« et de l'autre esclavage. Maintenant s'approche
« un avenir meilleur : l'association universelle du
« genre humain aura pour objet l'amélioration de
« l'homme par l'homme et l'exploitation du globe.
« *Prêtres ou gouvernants, savants ou théologiens,*
« *industriels ou artisans:* tels sont les rangs dans
« lesquels chacun sera placé selon son mérite. A
« cet effet, la propriété changera de nature : elle
« deviendra commune : l'hérédité sera abolie, le
« fils ne recueillera plus ni les richesses ni la

« gloire de son père : arrachés de bonne heure à
« la vie domestique, les enfants appartiendront à
« la patrie et ne connaîtront plus d'autre mère.
« Une commune éducation révélera leur capacité
« individuelle, et, sans acception de naissance ni
« de sexe, à chacun il sera donné selon sa capacité,
« à chaque capacité selon ses œuvres. La distribu-
« tion des fonctions et des récompenses, l'autorité
« appartiendra aux plus capables, et le plus digne
« de tous, le plus savant, le plus vertueux, sera
« le chef suprême, temporel et spirituel, le roi-
« pontife, le père de l'association, c'est-à-dire
« du genre humain (1). »

Voilà un rapide abrégé de la doctrine saint-simonienne, présentée dans son plus beau jour.
Avant de descendre à un examen approfondi, se
présentent quelques réflexions préliminaires.

Les promesses du philosophe moderne sont
celles de l'Homme-Dieu : lui aussi proclama ce
principe, A CHACUN SELON SES ŒUVRES; lui aussi
prêcha une belle association, dont tous les hommes sont appelés à devenir membres; lui aussi
vint détruire l'esclavage, promettre la paix et le
bonheur. Mais Jésus annonçait à ses disciples

---

(1) *Tableau de la religion saint-simonienne, enseignement central. Le Précurseur* du 19 mai et du 1er juin. *Le Globe*, passim.

bonheur, paix et justice, non point dans la vie
matérielle; il connaissait trop bien la destinée de
l'homme sur la terre, les vicissitudes de la fortune, les orages des passions. Saint-Simon n'apporte point de nouvelles paroles; il prétend seulement déplacer nos antiques espérances. Il trans-
porte l'idée du bonheur hors de la sphère spirituelle; c'est une félicité palpable, pour ainsi
dire, qu'il veut préparer à l'homme, c'est ici-
bas qu'il pense lui faire placer son trésor. Le
cœur humain trouverait-il à gagner à un pareil
changement? Qu'il rentre en lui-même et qu'il
réponde!

Et c'est lorsqu'on a jeté un voile sur les visions
sacrées du Christianisme pour mettre à leur place
une grossière et fugitive prospérité, c'est lorsqu'on
prétend abaisser pour jamais vers la terre ces regards d'espérance que l'homme élève vers les cieux,
qu'on annonce ce décourageant système comme un
progrès!

D'un autre côté, contradiction étonnante! —
Ceux-là mêmes qui prêchent la perfectibilité indé-
finie des doctrines sociales et religieuses, ceux qui
publient la chute de la religion du Christ comme
le résultat nécessaire de l'esprit humain, les voilà
qui promulguent la *loi stable*, *la constitution parfaite* de l'humanité, *la notion définitive* de Dieu,

de l'homme et du monde (1); car, disent-ils, la pensée de Saint-Simon embrasse tous les rapports de la nature humaine. Mais qui leur donne cette assurance? et si la nature humaine va se développant sans cesse, ne se trouvera-t-il pas un instant où de nouveaux rapports naîtront et exigeront une nouvelle révélation?

Mais abandonnons ces idées générales, descendons plus avant dans la discussion, et puisqu'on peut subdiviser la doctrine *positive* des modernes apôtres en deux parties, l'une *dogmatique*, l'autre *organique*, établissons cette division, étudions 1° les principes qu'ils reconnaissent, 2° les conséquences pratiques qu'ils en déduisent.

1° Du dogme saint-simonien.

Plus hardis à détruire qu'à édifier, les prédicateurs de la religion nouvelle, satisfaits d'apprendre au vulgaire la ruine du Christianisme et la formation de l'association universelle, semblent couvrir leur enseignement théologique d'un rideau qui ne se lève que pour les adeptes. Eux-mêmes, ces disciples-maîtres, ne jouissent pas tous du même degré d'initiation; dans l'ordre religieux aussi, les

_____

(1) *Tableau de la religion saint-simonienne*, le *Précurseur* du 1er juin.

places sont distribuées selon la capacité, et, tandis que les uns, membres du collége de la doctrine, la possèdent dans toute sa plénitude, force est aux autres de se contenter d'une portion plus mince de connaissances.

Cette série d'initiations, cet enseignement *exotérique* et *ésotérique*, rappellent la philosophie ancienne et son aristocratique maxime : *Odi profanum vulgus et arceo.* Certes, ce n'est point ainsi que le Christianisme a conquis le monde. C'était aux pauvres que Jésus-Christ distribuait le pain de la parole, c'était sur les places et les forums que les apôtres allaient prêchant, clairement et sans détour, la religion de la croix : *Christum crucifixum Dei virtutem.* Et l'Évangile disait à tous les fils d'Adam, sans distinction de personnes ni de capacités : Venez à moi, vous tous qui êtes fatigués, et je vous soulagerai : *Venite ad me, omnes qui laboratis et onerati estis, et ego reficiam vos.*

Toutefois des explications catégoriques, demandées impérieusement par la raison publique, ont révélé les dogmes principaux de la *religion* saint-simonienne et frayé une voie à l'investigation.

Longtemps on a considéré comme des êtres distincts l'esprit et la matière, Dieu, l'homme et le monde. Les disciples de Saint-Simon prétendent détruire cet antique *préjugé*. A les en croire, un

seul être existe : Dieu. L'esprit et la matière,
l'homme et le monde, ne sont que des formes de
cette substance infinie. Ce système, ajoutent-ils,
diffère essentiellement de celui de Spinosa, en ce
que ces deux formes, la matière et l'esprit, sont
ralliées, vivifiées par l'*amour*.

Quant à nous, il nous semble que l'idée d'*amour*
est intimement liée à celle de *pensée*, que ces deux
manières d'être, dont l'une engendre souvent l'autre, qui s'entremêlent, se confondent, sont également incompatibles avec la *matérialité* : il nous
semble que le *moi*, par exemple, se conçoit simul-
tanément doué d'intelligence et de volonté, tandis
que la matière apparaît comme extérieure et tota-
lement distincte. Dans le langage du sens commun,
l'étendue, la divisibilité, l'inertie, sont les caractères de la matière; l'amour, la pensée, le sentiment, sont les modifications de l'esprit.

Soit donc que l'on considère l'esprit et la matière comme des substances ou comme des formes
différentes, il n'est pas entre elles de moyen terme
possible ; car l'une exclut l'autre; encore moins ce
moyen terme serait-il l'*amour*, puisque l'*amour* est
essentiellement spirituel. C'était avec bien plus de
profondeur et de simplicité que se présentait le
système de Spinosa, qui n'en est pas moins la base
incontestable de celui de Saint-Simon.

Quand on observe un objet quelconque, matériel ou spirituel, quand on veut analyser les idées qu'il fait naître dans notre esprit, deux idées bien différentes se présentent d'abord : 1° l'idée de la forme apparente, variable, instantanée; 2° l'idée de la substance immuable et cachée. Il n'est aucun être qui ne puisse se décomposer ainsi par la réflexion, et qui ne donne pour résultat de l'analyse la notion de substance. De là, Spinosa, et Saint-Simon après lui, passant de l'ordre idéal à l'ordre réel, ont conclu que la substance est unique, universelle. Leur erreur est de n'avoir pas assez approfondi cette idée importante, et d'avoir conclu de l'abstraction au fait. Un coup d'œil scrutateur reconnaît d'abord que l'idée de substance, telle que la produit la contemplation d'un phénomène spirituel, n'est point identique à celle que présente un objet matériel. Tout être spirituel est éminemment actif; l'idée de sa substance réduite au dernier degré de simplification est l'idée de *force*, de *spontanéité* (τὸ αὐτοκινητὸν). La matière, au contraire, essentiellement inerte et *modifiable*, ne présente que la notion de *passivité*, de *réceptivité* (τὸ πάσχον). Or, d'une part, les *formes* de l'*activité* sont l'intelligence et la volonté; de l'autre, les *formes* de la *réceptivité* sont la divisibilité ou l'étendue, la mobilité ou l'inertie. D'où il suit que l'esprit et la ma-

tière sont deux substances différentes, douées de
qualités qu'un même sujet ne saurait réunir. De
plus, à la notion de substance, telle que nous l'ob-
tenons par une consciencieuse analyse, se joint toujours une idée de spécialité, d'individualité, qu'on
ne saurait méconnaître. Ce vieux *préjugé* dont nous
parlions tout à l'heure, qui sépare Dieu, l'homme
et le monde, et qui paraît en effet aussi ancien que
le monde, aussi répandu que le genre humain,
n'est donc autre chose que le témoignage irréfra-
gable du genre humain. Malheur à ceux qui fer-
ment les oreilles afin de ne pas entendre sa voix, et
qui courent après une abstraction chimérique pour
se précipiter dans un abîme de contradictions!

Voyez en effet les conséquences du panthéisme :
« Dieu est l'*infini*, la somme de toutes les exis-
« tences : tout être est un centre de vie, *détaché* de
« son immensité ; tout est en lui, *tout est lui*. »
Comment l'infini peut-il se *décomposer* en parties? Comment peut-il se *composer* d'une somme
quelconque d'existences? Des parties finies, addi-
tionnées en tel nombre qu'on voudra, produiront-
elles jamais autre chose qu'une somme limitée?
Tout ce qui est divisible est donc fini par là même,
et un Dieu sujet à des mutilations quotidiennes est
une conception répugnante. C'est peu : *tout est lui*,
tout est Dieu : et le parricide et l'adultère, et le

tyran et l'esclave, et la brute et la plante, et la pierre et le bois, sont autant de parties de la Divinité, autant de divinités même.

O sanctas gentes, quibus hæc nascuntur in hortis Numina!...

Où donc sont ceux qui couvraient le paganisme de dérision, ou qui tonnaient contre lui? La sagesse des anciens n'avait fait que l'apothéose des héros : tout au plus voyait-elle dans le crime un Dieu méchant; mais voici qu'au dix-neuvième siècle il s'est trouvé des philosophes qui ont consacré et environné des mêmes rayons l'ignorance et la science, les vertus et les forfaits!

Voilà les gouffres où l'on tombe quand on marche dominé par une idée fixe, à laquelle on veut plier la nature, quand on se ment à soi-même. Et ensuite on cherche à obscurcir ces vérités que le sens commun révèle, et l'on prétend que l'*on ne saurait concevoir* l'existence de Dieu *hors* de la matière, parce qu'il cesserait dès lors d'être infini (1). Disciples de Saint-Simon, pourquoi vous avilir vous-mêmes? Mathématiciens, philosophes que vous êtes, vos capacités sont trop hautes pour que vous ne *puissiez pas concevoir* que l'infini est essentiellement indivisible, par conséquent immaté-

(1) Voyez le *Précurseur* du 19 mai.

riel; vous n'ignorez pas que dire : Dieu ne saurait
exister *hors* de la matière, c'est le supposer existant
dans l'espace, c'est-à-dire matériel, ce qui est pré-
cisément en question. Sans doute, si Dieu est matière, le monde physique doit faire partie de son
être. Que si, au contraire, c'est un esprit pur, qui
l'empêche d'être présent partout, pour éclairer
l'homme et régir la nature? Les phénomènes physiques le manifestent par les lois admirables qui
les gouvernent; dans les phénomènes moraux, il
se révèle par le remords ou la satisfaction de la conscience. Ainsi son existence éternelle préside à
toutes les existences; il est CELUI QUI EST, le principe et la fin de toutes choses : donc il est infini;
il l'est sans occuper un point de l'étendue, sans
s'incorporer à la matière.

Les saint-simoniens *ne comprennent pas* non
plus les motifs qui, *après* une éternité de repos,
auraient *décidé* Dieu à l'œuvre de la création (1);
d'où ils concluent que le monde exista toujours.
Mais ici encore, cercle vicieux; ici, encore une fois,
on calomnie le Christianisme en l'accusant de supposer l'Être suprême sujet à l'irrésolution de l'esprit et à la mesure du temps. Les chrétiens regar-
dent ces mots *avant*, *après*, comme incompatibles

(1) Voyez le *Précurseur* du 19 mai.

avec la notion d'*éternité* : car, si l'infini ne peut se diviser, comment partager l'éternité en un certain nombre d'instants présents, passés et à venir? D'ailleurs, nous ne pensons pas non plus que Dieu soit susceptible de se *décider*, ce qui supposerait une délibération, un doute. *Celui qui est* fut et sera toujours immuable et parfait : de toute éternité la volonté de créer et le plan magnifique de la création étaient en lui, et c'est cette volonté persévérante qui conserve et crée encore sans cesse. Si les disciples de Saint-Simon ne peuvent comprendre comment s'opèrent ces merveilles, qu'ils se consolent ; car leur capacité humaine ne saurait prétendre à juger la capacité divine. Et nous, nous leur demanderons à notre tour *comment*, si la matière est éternelle, s'expliquera la succession infinie des révolutions de l'univers : car là où il y a mouvement, il y a aussi succession, et toute succession suppose la division du temps, laquelle est incompatible avec la notion d'éternité. Ce qui est éternel est immuable : donc il faut admettre ou que le monde a eu une origine, ou dire que ses révolutions sont des illusions, des rêves, et, à l'exemple de l'école d'Élée, nier la possibilité du mouvement (1). Nous demanderons *comment*, en niant la

---

(1) Les anciens panthéistes de l'école d'Élée, conséquents avec eux-mêmes, avaient été conduits à nier tout espèce de mouvement,

création de la matière, on peut expliquer celle du genre humain. Le genre humain ne fut pas toujours : les souvenirs de sa naissance sont encore si près de nous, il est si jeune encore! Indéfiniment perfectible, à quel point de perfection une éternité de développement ne l'eût-elle pas élevé? De plus, les recherches géologiques et historiques ont prouvé que son existence ne saurait remonter au delà de six mille ans.

Il est temps de porter nos regards sur le tableau de la nature humaine, tel que le retrace la nouvelle doctrine. « L'homme, dit-elle, centre de vie « détaché de la vie universelle, doit tendre durant « sa vie au développement physique, intellectuel « et moral : la mort le réu... u grand Tout, où il « poursuivra l'œuvre de son perfectionnement. »

de variété dans le monde. « Rien ne se fait de rien, disaient-ils : « donc un être ne saurait produire un être différent de lui-même : « car ce qui serait différent dans ce dernier n'aurait aucun principe. De plus, rien ne peut être que sous une certaine manière « d'être ; la forme est donc soumise à la même loi que la substance : « car, pour que la substance changeât de forme, il faudrait qu'elle « y fût déterminée par une cause située en elle ou hors d'elle. « Mais hors d'elle rien n'existe ; et d'un autre côté, si le motif de « telle ou telle de ces modifications existe en elle d'une manière « absolue, il agira continuellement, et l'effet produit sera naturel. « Or le mouvement, la variété, sont des effets successifs ; donc ils « ne sauraient exister : ce sont de vaines illusions de l'esprit humain ; la grande Unité jouit d'un éternel repos. » Tels sont les résultats logiques de ce bizarre système. (Aristote, de Xenophane, Zenone et Gorgia; Diogène Laërce, liv. IX, § 19; Sextus Empiricus, Pyrrhonica hypotyposis, liv. CCXXV.)

Et d'abord elle permet à l'homme toute espèce de jouissances matérielles, elle lui fait du bien-être charnel un précepte, et du plaisir un devoir : comme s'il était besoin de commander à l'homme l'amour de soi-même; comme s'il était nécessaire d'aiguiser encore l'aiguillon de la chair déjà si puissant ; comme si les passions, quand on aurait brisé la digue qui les contient, ne devaient pas s'élancer comme un torrent destructeur, et détruire les germes précieux de la science et de la vertu. Non, ce n'est point à travers la vapeur enivrante des voluptés qu'on peut fournir la carrière, et marcher au perfectionnement intellectuel et moral.

Mais pourquoi parler de perfection dans un système qui, tout en la proclamant, la rend impossible; qui fait de la vérité et de la vertu de vaines idées relatives aux temps et aux circonstances? Écoutez les fils du philosophe-révélateur : « La vie de l'humanité offre deux sortes d'époques : « les unes *organiques*, où l'homme croit et édifie ; « les autres *critiques*, où il doute et détruit. Toute « époque organique commence par une révélation « qui est *vraie* tant qu'elle embrasse tous les « modes de l'activité humaine favorables à son « développement, qui devient *fausse* dès l'instant « qu'elle est dépassée par le progrès : ainsi le « christianisme, *vrai* il y a dix-huit cents ans, a

« cessé de l'être aujourd'hui (1). » Donc la vérité
dans ce système grandit, varie d'âge en âge. Si les
religions les plus opposées peuvent, chacune à son
tour, avoir été vraies; si les grands principes
métaphysiques, tout indépendants qu'ils sont des
temps et des circonstances, sont regardés comme
relatifs, dès lors il n'est plus de vérité absolue, la
science est détruite puisqu'un axiome fondamental,
vrai pendant deux mille ans, peut devenir faux un
jour, et en même temps croulera tout ce qui aura
été posé sur cette base. Quelques années de critique renverseront les travaux élevés durant une
longue période d'organisation; les générations
nouvelles ne profiteront plus des œuvres des générations antérieures; le genre humain ne sera plus
perfectible, et, nouveau Sisyphe, le voilà condamné
à rouler sans cesse au haut de la montagne un
énorme fardeau qui, au moment de toucher le
sommet, retombera entraînant le malheureux dans
sa chute.

Ces conséquences s'étendent aux idées morales.
« Il faut, disaient naguère les adeptes de la doc-
« trine, il faut une nouvelle classification des
« vertus. Longtemps on a voulu établir une dis-

---

(1) *Précurseur* du 19 mai. *Tableau de la religion saint-simonienne, Doctrine de Saint-Simon, exposition,* première année,
séance 13 et suiv.

« tinction positive entre le bien et le mal, le juste
« et l'injuste. C'est une erreur : le bien n'est autre
« chose que le développement de l'humanité ; tout
« ce qui peut y contribuer est *juste.* Ainsi se con-
« fondent l'utilité et la justice trop longtemps sé-
« parées ; ainsi encore le mal disparaît de la terre,
« le crime et le vice ne sont plus qu'un manque
« de perfection, effet d'un développement peu
« avancé, faible encore (1). » Ces idées, comme
celles que nous avons examinées tout à l'heure,
révoltent la raison et la conscience. C'est le consen-
tement unanime de tous les hommes et de tous les
siècles qui le proclame : la vertu est indépendante
de l'intérêt, et la justice, de l'unité pratique ; c'est
l'intention qui juge l'homme et non ses œuvres :
il est vraiment vertueux celui-là seul qui fait le
bien pour accomplir le devoir ; elle est basse, elle
est mercenaire, l'âme qui calcule le prix de ses
bienfaits, — Un abîme immense sépare le bien et
le mal, le vice et la vertu : la preuve en est dans
ce sentiment d'horreur invincible qu'on éprouve
en présence d'un grand coupable, dans cette voix
du sang répandu *qui crie vengeance,* dans cette
indignation qui s'empare de l'âme à l'aspect du
crime heureux et impuni ; et si l'on dit que le

_____

(1) *Précurseur,* 1ᵉʳ juin, *Tableau de la religion saint-simo-*
nienne.

crime est l'effet de la faiblesse, de l'ignorance et
de la sauvagerie, comment expliquer l'énergie et
les lumières de la plupart des scélérats célèbres?
comment se fait-il que l'enfance des hommes et
des peuples, qui est l'âge de l'ignorance et de la
faiblesse, soit aussi celui de l'innocence, et que la
corruption des mœurs soit l'œuvre d'un développement plus avancé? C'est un grand égarement que
de croire que l'homme naît grossier et vicieux :
dès les premières années de sa vie, au contraire, la
nature est son guide, il est juste *par instinct.*
L'objet de l'éducation est de lui enseigner à devenir
juste *par raison ;* mais trop souvent ce but n'est
pas atteint : les inclinations mauvaises trouvent
leur compte dans l'éducation même, parce qu'elle
est mal dirigée, et l'on devient méchant par cal-
cul (1).

(1) Il est de ces mauvais génies qui prennent plaisir à dégrader
l'homme, pour le mettre au rang des brutes. Peu satisfaits d'avoir
nié l'immortalité, la liberté de l'âme, on a vu des philosophes de
cette espèce s'acharner à détruire la conscience, et étendre au loin
leurs minutieuses recherches, pour avoir la jouissance de trouver
un peuple dénué des notions de justice et d'équité, pour en conclure
que la morale n'est qu'un vieux préjugé qui n'a point ses bases dans
la nature. Mais vainement allèguent-ils la différence des lois et des
usages : la forme des grandes idées morales peut varier, elles demeurent immuables; la différence des temps et des circonstances
peut changer l'application des principes, mais les principes ne
changent point. Chez tous les peuples, même les plus sauvages,
existent l'horreur pour le crime et l'admiration pour la vertu : les
hordes les plus barbares ont des châtiments pour les traîtres et des

Je parlerai peu de cet amour, de cette sympathie qui, selon la nouvelle doctrine, doit être le
sommaire des relations de l'homme avec Dieu et ses
semblables : chacun sait que cette inspiration céleste a été dérobée au Christianisme, pour animer
l'œuvre morte de Saint-Simon. Mais comment
aimer un Dieu revêtu de toutes les formes, même
de celles de la laideur et de la scélératesse? un
Dieu qui regarde du même œil le bon et le
méchant, également insensible aux adorations du
sage et aux blasphèmes de l'impie? — Ce n'est
pas assez : la nouvelle doctrine, donnant l'action
de grâces pour expression à l'amour de Dieu, pro-
scrit la prière, «car, dit-elle, c'est faire injure à la
« Divinité que de la supposer capable de *changer*
« *d'avis* pour une prière d'homme (1).» Mais le
chrétien qui prie n'a point la présomption de
croire que sa demande puisse changer la volonté
du Tout-Puissant : il sait que dans l'ordre des
décrets éternels, les bienfaits de Dieu se répandent

récompenses pour les héros; dans toutes les langues enfin existent
les dénominations de *Bien* et de *Mal*, et l'existence du mot dé-
montre celle de l'idée. « Car, selon l'expression d'un grand homme,
« la vérité n'appartient point à une seule nation, à une seule
« langue : elle réside dans le sanctuaire de la conscience; et la
« conscience est partout. » *Intus in domicilio cogitationis, nec
hebræa, nec græca, nec latina, nec barbara veritas, sine oris et
linguæ organis, sine strepitu syllabarum.* (S. Augustinus, *Confess.*,
lib. II, cap. III.)

(1) Le *Précurseur* du 19 mai.

sur l'homme à la condition de la prière ; non pas
que celui qui voit tout ait besoin de l'exposé de
nos nécessités pour nous secourir, mais parce que
l'invocation est un acte libre de foi, d'espérance et
d'amour, une éclatante confession de la faiblesse
humaine et de la puissance divine, par conséquent
un acte méritoire, digne de récompense. Et comment, lorsqu'on repousse la prière, admettre
l'action de grâces qui s'y rattache de si près ?
L'action de grâces est l'hymne de la reconnaissance, et la reconnaissance suppose dans le bien-
faiteur la liberté de répandre et de retirer ses
dons ; cette liberté, à son tour, nécessite un motif
qui fasse agir ; et certes, s'il est vrai qu'une prière
d'homme est un mérite, un sacrifice solennel,
n'est-ce donc point assez pour peser quelque peu
dans la balance des justices du Très-Haut ? Puis, la
prière est un besoin pour l'âme : le sentiment de ses
faiblesses et de ses douleurs l'élève vers le Père
céleste, et lui montre les trésors de la toute-puis-
sance éternelle prêts à s'ouvrir pour l'exaucer ;
alors elle prie, et tous les hommes ont prié, et de
tous les points du globe, à chaque instant, l'invocation s'élance sur les ailes de flamme, et grande
est la témérité de ceux qui viennent dire à l'humanité entière, « Tu t'es trompée, tu es absurde. »

Les destinées que Saint-Simon nous annonce au delà de la vie sont-elles plus satisfaisantes? L'homme, portion du grand Tout, individualisé pour quelque temps, ira se réunir après la mort à cette immensité dont il avait été détaché ; il sera donc, comme avant de naître, un flot confondu dans l'océan des existences, il perdra son individualité ! Or l'individualité, la personnalité, le *moi*, constituent l'homme lui-même, et quand le *moi* est détruit, quand l'homme ne peut plus se distinguer, se nommer, quand il ne peut plus dire : *Je suis*, son être s'évanouit, le néant devient son partage ; et tous ces développements merveilleux que Saint-Simon lui promet au sein de la vie universelle ne sont plus que des chimères. Que si l'essence de l'homme est cette *unité vivante* qui réunit la forme matérielle à la forme spirituelle, que deviendra l'homme à l'instant où sa forme matérielle se décompose? Entre deux hypothèses il faut choisir. Ou chaque molécule détachée du corps emportera avec elle une part de pensée et d'amour ; mais comment supposer que l'esprit se divise? ou bien les organes physiques, détruits, vont se confondre avec la masse de la matière, et l'âme, dépouillée de toute forme physique, se réunit à l'âme du monde ; mais alors l'unité qui constituait l'homme n'est plus, et d'ailleurs les

saint-simoniens annoncent que l'esprit ne se peut
concevoir séparé de la matière. Dans l'un et dans
l'autre cas, un fait est certain : c'est que le corps
se désorganise, et que ses éléments constitutifs se
dispersent, et dès lors cette prétendue unité vivante qui résultait de l'alliance du corps, de l'esprit et de l'amour, cesse d'exister, et l'homme est
anéanti.

Aussi les nouveaux apôtres ont-ils senti le défaut
de leur système et couvert leur impuissance du
voile d'un épais mystère : tantôt ils semblent
renouveler l'antique doctrine de la métempsycose (1), tantôt c'est la gloire qu'ils présentent
dans le lointain, comme l'immortalité des grands
hommes ; plus souvent encore ils invitent l'âme
à détourner ses pensées de ces impénétrables
abîmes, pour songer à la prospérité, au bonheur
temporel qu'ils lui promettent. Vains efforts!
l'âme de l'homme est trop grande pour se contenter d'une félicité passagère : elle ne saurait se
nourrir de la graisse de la terre ; les jouissances,

---

(1) Il semble que la doctrine saint-simonienne de la vie future
se réduit à l'antique métempsycose, quand on lit ces lignes de leur
Exposition: « Notre maître est déjà loin de son passé. Vivant en
« nous-mêmes, il nous remplit de sa foi, de sa sagesse, de sa puis-
« sance; il nous entraîne avec lui vers les limites de l'avenir, dont
« il nous a fait franchir le seuil. Voulez-vous donc enfin vérita-
« blement connaître Saint-Simon ? — Étudiez-le dans son avenir,
« étudiez-le en nous. » (*Exposition*, première année, p. 12.)

même intellectuelles et morales, qu'elle goûte
parfois, sont encore trop incomplètes, trop peu
pour elle. Elle ne veut point de vos promesses, ô
fils de Saint-Simon ! ce sont les profondeurs de
l'éternité qu'elle brûle de sonder ; car la vie est
courte et pleine de misères ; les orages des passions, les revers de la fortune, les rudes épreuves
de la sensibilité, en font comme un long pèleri-
nage à travers le désert ; et quand, voyageur fati-
gué, l'homme atteint le terme de sa course, quand
il jette au delà de la mort un long regard pour
découvrir ce bonheur, vers lequel il a marché
sans cesse, vous lui ouvrez les gouffres du néant ;
vous ravissez au juste qui a souffert les espérances
de l'avenir, et vous débarrassez le méchant fortuné
de la crainte des justices divines ; à la vertu qui se
cache, plus de récompenses ; à la main furtive qui
aiguise le poignard et qui fait le mal en secret,
plus de châtiment. En donnant à l'homme le droit
de juger les capacités et les œuvres, on le ravit à
Dieu même.

Nous avons examiné le dogme, la théologie
saint-simonienne : il est temps de jeter un coup
d'œil sur les conséquences pratiques qui s'en
déduisent pour la formation de l'association universelle.

2° De l'Organisation saint-simonienne.

Loin de moi la pensée de venir ici lutter corps à corps avec un audacieux adversaire. Peu initié aux mystères de la haute politique, loin de moi l'ambition d'élever théorie contre théorie, car toutes ces Babels de l'esprit humain croulent, et cependant la vérité demeure, et la nature ne se tait point. C'est elle, c'est cette voix puissante qui va s'élever pour juger le système politique de Saint-Simon ; c'est aux principes fondamentaux de la conscience qu'il doit être comparé.

A CHACUN SELON SA CAPACITÉ, A CHAQUE CAPACITÉ SELON SES ŒUVRES : belle et chrétienne maxime; consolante promesse de la part d'un Dieu; menace effrayante peut-être dans la bouche d'un homme! Où sont-ils ceux qui seront établis juges de la terre, ces êtres si vivement sympathiques, qui appelleront toutes les capacités à leur tribunal, pour leur distribuer une place, pour rendre sans appel les arrêts qui décideront des destinées humaines? Sans doute ils doivent être à l'abri de toute erreur ; ils doivent jouir d'une somme immense d'intelligence et de sagesse : le présent, le passé et l'avenir n'ont plus de secrets pour eux; car il faut qu'ils prévoient ces développements subits qui élèvent quelquefois

les âmes les plus grossières à un haut degré de
perfection ; il faut qu'ils connaissent toutes les
profondeurs de la nature humaine ; il faut qu'ils
possèdent, ce qu'aucun philosophe n'a pu encore
obtenir, une psychologie complète. La Providence
ne saurait permettre que des hommes imparfaits
gouvernassent le monde en dernier ressort. Qu'on
me les montre donc ces êtres privilégiés, et je leur
dirai : *Vous êtes des dieux,* ou plutôt encore je leur
demanderai qui les a jugés eux-mêmes, qui a con-
staté leur capacité. Sont-ce leurs inférieurs en
mérite, ceux qui leur doivent être soumis ? Mais
alors les *capables* sont jugés par les *incapables;* ce
qui, dans le système saint-simonien, est absurde ;
ou bien les *incapables* reçoivent sans examen des
autorités qui se constituent elles-mêmes, l'obéis-
sance aveugle gouverne les peuples, et la société
tombe dans le plus servile despotisme.

Je sais qu'on répondra que la sympathie enfante
des merveilles, que le plus capable se présentera
de lui-même, et que les acclamations des sujets le
porteront au pouvoir. Mais pour admettre dans cet
assentiment une infaillibilité permanente, il faut
faire table rase du conflit des passions, des intérêts
qui se croisent, des intrigues qui se multiplient;
il faut faire abstraction de la différence des vues et
des caractères; il faut nier la versatilité des ma-

jorités, des masses populaires ; il faut supposer.
en un mot, une nation parfaite : et alors à quoi
servirait, de grâce, l'organisation sociale, qui n'a
d'autre but que le perfectionnement? et, d'un
autre côté, que deviendrait la stabilité d'un gouvernement où l'autorité même ne serait pas via-
gère? le genre humain se perfectionnant sans
cesse, à chaque instant peut surgir une capacité
nouvelle, supérieure, digne de remplacer la capacité régnante ; à chaque instant l'épreuve doit re-
commencer, et les degrés du trône saint-simonien
sont continuellement couverts de pontifes-rois passés et à venir, de capacités détrônées qui descen-
dent et de capacités naissantes qui s'élèvent Or,
à travers cette fluctuation, comment pourra le
vaisseau de l'État marcher vers le port?

Il y a plus, l'établissement de cette étrange organisation nécessiterait une œuvre plus singulière
encore : « La propriété, disent les fils de Saint-
« Simon, qui depuis bien des siècles va s'affaiblis-
« sant toujours, cessera d'exister; avec elle tom-
« bera l'hérédité pour faire place à la communauté
« des biens et à la répartition, selon le besoin, se-
« lon le mérite (1). » Si mon intention était d'entrer dans une discussion historique, il ne serait

(1) *Doctrine de Saint-Simon*, passim. *Tableau de la religion
saint-simonienne.*

peut-être pas difficile de montrer que ce qu'on a
pris pour l'affaiblissement de la propriété n'en fut
que la transformation ; et que, tandis que la *propriété de l'homme par l'homme* se détruisit peu à
peu sous l'influence du Christianisme, le défrichement des terres s'accrut en raison inverse, et la
propriété du sol acquit plus d'intensité. Mais ici
c'est assez de faire observer que la propriété est un
besoin pour l'homme ; c'est pour ainsi dire une
extension du *moi*, de la personnalité : ce que
l'homme possède devient comme un autre *lui-
même* ; c'est une sphère qu'il se crée pour le développement de son activité, de telle sorte qu'à la
propriété est attachée l'indépendance, et que celui
qui ne *possède* pas devient *mercenaire*, c'est-à-dire
soumis pour le gain de sa subsistance au bon plaisir d'autrui (1).

---

(1) La propriété *reçue* ou *acquise*, obtenue par le *travail* ou par
l'*hérédité*, se présente sous l'une et l'autre de ces deux formes,
comme l'expression vive des affections, des besoins de la nature
humaine. D'une part, la propriété *acquise* est une création de l'activité de l'homme ; c'est le résultat de son développement. Il la
chérit donc comme étant l'œuvre de ses efforts, le prix de ses
sueurs, comme le miroir fidèle où viennent se réfléchir tous les
travaux de sa vie. La propriété *héréditaire* a une valeur analogue :
elle est pour l'homme le monument de l'activité de ses pères, l'expression de leur sagesse, de leur industrie. Dépositaire des souvenirs domestiques, des affections les plus douces ; témoignage de la
sollicitude des aïeux pour leurs petits-fils, elle est féconde en pensées consolantes : il semble que l'esprit des ancêtres y veille, y

Ils seraient donc mercenaires tous les membres de la société saint-simonienne : donc ils cesseraient d'être libres.

Allons plus loin. A l'instant où l'on renverse la propriété, l'hérédité tombe avec elle : on ravit aux enfants les biens, la gloire, l'amour de leurs pères, comme si la nature n'avait pas fait la tendresse paternelle prévoyante au delà même de la mort; comme si celui qui baigna la terre de ses sueurs, et arrosa de son sang le sol de la patrie, pouvait mourir consolé en pensant que ses fils n'auraient à recueillir ni le fruit de ses travaux, ni la reconnaissance de ses concitoyens; comme si une vénération universelle, invincible, n'environnait pas les rejetons des grands hommes; comme s'il ne fallait pas qu'une main filiale soutînt au temps de sa vieillesse la mère qui a usé ses jours pour donner et conserver l'existence à ses enfants; comme si enfin ces enfants mêmes, arrachés au foyer paternel, ne devaient jamais redemander ceux dont ils tiennent la vie, et qu'on pût changer les affections de leur cœur comme le lieu de leur domicile. Que dis-je? Non content de détruire les vertus, on pré-

préside encore; aussi est-elle l'objet d'une sorte de culte, de vénération filiale.

Il est une troisième espèce de propriété, prix impur de l'injustice personnelle ou héréditaire : celle-là, la conscience la désavoue, et la religion la flétrit.

tend encore créer des crimes. En effaçant les dis-
tinctions de naissance, on ordonne l'ingratitude,
on provoque l'inceste. Le mariage cesse d'être un
lien sacré; des unions fortuites comme celles des
animaux, dissolubles comme elles, formées par la
volupté, rompues par le dégoût, donnent le jour à
une race faible, dégénérée, entachée, quoi qu'on
en dise, des crimes de ses pères : tant il est vrai
qu'en pulvérisant les liens de la famille, on brise
ceux de la société, et que la corruption des mœurs
tue les nations.

De l'abolition générale des *priviléges*, les prédicateurs de la nouvelle doctrine déduisent encore
l'émancipation des femmes. Élevée par le Christianisme à toute la dignité de sa condition, la
femme est la compagne de l'homme, et non son
esclave; mais le Créateur, qui fit bien toutes choses, donna à chacun d'eux son domaine et ses attri-
butions. A l'homme le monde appartient, et il le
subjugue par la sagesse, la puissance et la force;
à la femme le cœur de l'homme, et elle y règne par
la grâce, la douceur et la beauté. Oh! qu'elle ne
renie point son apanage, car il est grand; qu'elle
n'envie point celui de son époux, car c'est un fardeau trop lourd pour elle! L'homme et la femme
sont faits pour s'aimer, non pour lutter ensemble :
à chacun son caractère, à chacun sa mission et sa vie.

22.

Ici un soupçon grave s'élève : on a accusé les saint-simoniens de poser en principe politique la communauté des femmes. Malgré leur dénégation formelle, il est certain que leurs enseignements et leurs discours ont manifesté une forte tendance vers ce résultat, qui au reste ne serait qu'une conséquence rigoureuse de leur système. Pour nous, nous aimons mieux mille fois les croire rebelles à la dialectique qu'aux lois les plus saintes de la nature, et nous nous hâtons de tirer un rideau sur des conjectures qui font rougir de honte et d'indignation...

Ainsi la politique de Saint-Simon est une rêverie que la raison désavoue : sa logique aboutit au pyrrhonisme, sa morale se résume dans la conception épicurienne de l'intérêt, et le panthéisme est le fond de sa métaphysique. Doctrines déplorables, débris des idées erronées de quelques penseurs épars parmi les siècles, et dont la philosophie de nos jours, grande et généreuse, a fait bonne justice.

II

ORIGINE DE LA DOCTRINE DE SAINT-SIMON.

Nous avons considéré la doctrine nouvelle en elle-même; mais notre tâche ne serait pas accom-

plie, si nous ne remontions à l'origine de ce système, si nous ne cherchions à retrouver l'idée qui
présida à sa formation : car celui qui cherche la
vérité ne se contente pas d'observer les faits, il se
sent pressé du besoin de s'élever à la connaissance
des causes : *Felix qui potuit rerum cognoscere
causas!*

Les disciples de Saint-Simon l'annoncent comme
un révélateur, comme un homme inspiré. « A des
« époques antiques, disent-ils, Moïse et Jésus vin-
« rent de Dieu pour préparer les voies à l'associa-
« tion universelle. Saint-Simon vient aussi de Dieu
« pour l'accomplir; et sa mission se prouve, non
« par des miracles, mais par la sublimité, la vé-
« rité de sa parole. »

Un homme parut aussi, il y a douze cents ans,
qui se disait prophète, révélateur définitif : lui
aussi prétendait que Moïse et Jésus n'avaient fait
que lui préparer les voies; que le Christianisme,
altéré, corrompu, n'avait plus de valeur; qu'il fallait un régénérateur à l'univers. Mais au moins
celui-là reconnaissait-il la nécessité de prouver sa
mission d'une manière simple, authentique : aussi
alléguait-il des miracles, et ses grands coups de
cimeterre, ses victoires multipliées, lui servaient
d'arguments démonstratifs. Cet homme fut Maho-
met.

Et voilà qu'aujourd'hui, après douze siècles de civilisation, des hommes se lèvent pour établir leur révélation sur leur propre témoignage, et prétendent imposer à l'univers les conceptions de leur génie. Qu'ils sachent donc que l'homme, tout sympathique qu'il est, ne saurait croire à l'infaillibilité humaine. Il faut lui démontrer que Dieu a parlé par une bouche mortelle, et la preuve doit être sensible, frappante, afin de pouvoir convaincre les âmes les plus grossières et persuader les cœurs les plus froids.

Or pensent-ils donc, ces nouveaux docteurs, que la sublimité, la vérité de leur parole soit évidente pour tous, et que leurs dogmes de haute métaphysique soient intelligibles pour tous les esprits? Quant à nous, faibles et misérables capacités, sans doute nous ne l'avons point cru : égarés peut-être par ce vieux préjugé qu'on appelle *sens commun*, nous avons trouvé dans la religion saint-simonienne erreurs, contradictions. Bien plus, par cela même que les modernes apôtres reconnaissent la mission divine de Moïse et de Jésus-Christ, la leur nous a semblé fausse, impossible; car, tandis que Moïse venait pour développer et éclaircir la révélation primitive, tandis que le testament du Calvaire accomplissait les promesses du testament du Sinaï, Saint-Simon prétend édifier une doctrine totale-

ment contradictoire : le législateur d'Israël annonçait le Messie, et le Messie proclame la stabilité,
l'éternité de sa parole; et en prédisant les faux
prophètes à venir, il les avait frappés d'anathème (1). Et Saint-Simon déclare que l'Évangile
de Jésus-Christ a perdu la puissance et la vie, et
qu'il vient, lui, révélateur nouveau, remplacer une
croyance à qui Dieu même avait assuré la perpé-
tuité; en sorte qu'une inspiration détruirait l'autre, et que les décrets de l'Éternel se contrediraient
et changeraient avec les siècles.

Ainsi s'évanouit le *deus ex machina* de la doctrine saint-simonienne; elle redevient purement
humaine, et l'*œuvre du maître* n'est plus qu'un
système, dont la naissance et le développement
s'expliquent sans peine à la raison.

SAINT-SIMON naquit dans un siècle de troubles et
d'orages, où la science semblait s'être levée contre
la foi, où des doctrines irréligieuses parties de
la classe éclairée se répandaient parmi le peuple,
où chaque jour enfin les passions déchaînées sem-
blaient marcher à la ruine de la société. A ce spec-
tacle, il désespéra du Christianisme et de la France;

(1) Prenez garde aux faux prophètes qui viennent à vous sous des
vêtements de brebis, et qui sont au dedans des loups ravisseurs.
— Le ciel et la terre passeront, mais mes paroles ne passeront
point. — Voici que je suis avec vous jusqu'à la consommation des
siècles. (*Évangile.*)

il crut assister à l'agonie de l'Église et de l'État : une imagination ardente lui persuada qu'il était appelé à bâtir sur leurs ruines, à régénérer la croyance religieuse et l'organisation sociale. Son erreur fut d'avoir méconnu l'invariabilité des principes selon lesquels l'humanité se développe, d'avoir cru que le but nécessaire de la critique est de détruire ; comme si juger et condamner étaient une même chose (1).

Pour élever ce grand édifice qui était devenu l'objet de tous ses rêves, il recueillit ses souvenances, il alla frappant aux portes de toutes les écoles de l'antiquité et des temps modernes, glanant çà et là les lambeaux de mille conceptions philosophiques pour en revêtir la *science nouvelle*.

Et d'abord le panthéisme, qui constitue sa métaphysique, apparaît comme un mélange de spinosisme et des vieux systèmes grecs, empruntés eux-mêmes aux philosophes hindous. L'universalité de la substance, la distinction de ses deux formes spirituelle et matérielle, l'axiome du développement perpétuel, indéfini, appartiennent à Giordano Bruno, Spinosa, et à quelques penseurs de l'Allemagne. Le principe de l'unité, la vivification du grand tout par l'amour, l'émanation des âmes, enfin la mé-

---

(1) *Critique*, en grec κριτική, de κρίνειν, *juger*, et non *détruire*

lempsycose, sont autant de pensées antiques, fruit des premières méditations de la philosophie naissante, et souvent égarée sous le ciel merveilleux de l'Orient. Mais au moins la mémoire de la révélation primitive dominait et épurait encore ces doctrines : elles admettaient l'idée morale du jugement après la mort, que Saint-Simon renie; et la métempsycose offrait aux justes l'espérance d'une transformation glorieuse, aux coupables la crainte d'une honteuse métamorphose et d'une vie future expiatoire (1).

(1) L'idée de cette unité vivante, de cet amour qui vivifie le grand tout, se retrouve à chaque instant dans l'antiquité païenne et philosophique. « La pensée, disait Xénophane, est la seule substance réelle, persévérante, immuable. » (*Diogène Laërce*, 9, § 19.) Et l'on sait que les philosophes anciens comprenaient sous le nom générique de Pensée toutes les manières d'être de l'âme : on n'en était point encore venu à séparer l'intelligence de l'amour.

Le passage suivant d'Apulée est plus curieux encore :

> Quæ fuerunt exorta et quæ ventura sequentur,
> Illæ in ventre Jovis rerum compage manebant...
> Primus cunctorum est et Jupiter ultimus idem.
> Jupiter et caput et medium est; sunt ex Jove cuncta :
> Jupiter et mas est atque idem nympha perennis.
> Spiritus est cunctis : validusque est Jupiter ignis;
> Jupiter est pelagi radix, est lunaque, solque.
> Cunctorum rex est princepsque et originis auctor;
> Namque sinu occultans, dulces in luminis auras
> Cuncta tulit sacro versans sub pectore curas.
>
> (*Carmen de mundo*)

Ailleurs (*Métamorphoses*, liv. II, p. 259) Apulée nomme la nature l'*unité multiforme*.

La pensée d'Aratus n'est pas moins frappante :

> Ἐκ Διὸς ἀρχώμεσθα, τὸν οὐδέποτ' ἄνδρες ἐῶμεν
> Ἄρρητον. Μεσταὶ δὲ Διὸς πᾶσαι μὲν ἀγυιαί,

La négation de la vérité et de la justice absolues, sur laquelle, ainsi que nous l'avons observé, reposent à la fois la logique et la morale saint-simoniennes, est-elle autre chose que le résumé des enseignements de Pyrrhon et d'Épicure, renouvelés dans les derniers siècles par Bayle, Hume, Helvétius, popularisés par les écrits de Voltaire?

Enfin le plan de l'association universelle est tracé en grande partie sur la République de Platon. Il est curieux, en parcourant les œuvres du philosophe grec, d'y retrouver la communauté des biens, des enfants, de l'éducation; le nivellement des sexes,. la rétribution selon la capacité, et autres rêveries semblables que l'on colporte aujour-

Πᾶσαι δ' ἀνθρώπων ἀγοραί· μεστὴ δὲ θάλασσα
Καὶ λιμένες· πάντη δὲ Διὸς κεχρήμεθα πάντες·
Τοῦ γὰρ καὶ γένος ἐσμέν.

(Arati *Phœnomena*, v, 1-5.)

Hésiode fait naître l'Amour le premier de tous les dieux, pour féconder le stérile Chaos :

Ἦτοι μὲν πρώτιστα Χάος γένετ', αὐτὰρ ἔπειτα
Γαῖ' εὐρύστερνος, πάντων ἕδος ἀσφαλὲς αἰεί
Ἀθανάτων, οἳ ἔχουσι κάρη νιφόεντος Ὀλύμπου,
Τάρταρά τ' ἠερόεντα μυχῷ χθονὸς εὐρυοδείης
Ἠ δ' Ἔρος, ὃς κάλλιστος ἐν ἀθανάτοισι θεοῖσι,
Λυσιμελής, πάντων τε θεῶν, πάντων τ' ἀνθρώπων.

(*Theogonia*, v, 116-121.)

De nombreux philosophes grecs présentaient aussi l'Amour comme le générateur de l'univers, la cause et la substance première.

d'hui parmi nous comme choses nouvelles (1). A ces conceptions helléniques s'entremêlent parfois quelques vues de J. J. Rousseau et de l'abbé de Saint-Pierre, des souvenirs lointains de la République chrétienne de Henri IV et de la Théocratie juive.

Ainsi des débris assemblés de ces systèmes surannés, incohérents, modifiés d'après les exigences de l'époque, le nouveau révélateur a prétendu former un colosse. Puis, tel qu'un autre Prométhée, il a voulu, pour lui donner la vie, ravir le feu du ciel:

(1) « Les dons de la nature ont été également distribués entre « les deux sexes; l'homme et la femme jouissent des mêmes avan- « tages : imposerons-nous donc toutes les charges à l'homme, « sans en faire aucune part à son épouse? Douées des mêmes qua- « lités, les femmes partageront donc avec leurs époux le soin de « veiller à la garde de la cité... La conséquence de cette loi est la « communauté des femmes et des enfants; en sorte que le père ne « connaisse point celui qu'il a engendré, et que le fils à son tour ne « puisse distinguer son père... Entre les gardiens de la cité tout « doit être en commun. »

Ὁμοίως διαπεπμίναι αἱ φύσεις ἐν ἀμφοῖν τοῖν ζώοιν· καὶ πάντων μὲν μετέχει γυνὴ ἐπιτηδευμάτων κατὰ φύσιν, πάντων δὲ ἀνήρ. Ἦ οὖν ἀνδράσι πάντα προστάξομεν, γυναιξὶ δὲ οὐδέν; Καὶ γυναικὸς ἄρα καὶ ἀνδρὸς ἡ αὐτὴ φύσις εἰς φυλακὴν πόλεως. Καὶ γυναῖκες ἄρα αἱ τοιαῦται τοῖς τοιούτοις ἀνδράσιν ἐκλεκτέαι συνοικεῖν τε καὶ συμφυλάττειν, ἐπείπερ εἰσὶν ἱκαναὶ καὶ ξυγγενεῖς αὐτοῖς τὴν φύσιν... Τούτῳ ἕπεται νόμος τὰς γυναῖκας πάσας εἶναι κοινάς;... καὶ τοὺς παῖδας αὖ κοινούς, καὶ μήτε γονέα ἔγγονον εἰδέναι τὸν αὑτοῦ, μήτε παῖδα, γονέα... Δεῖ κοινῇ πάντα ἐπιτηδεύειν τούς τε φύλακας καὶ τὰς φυλακίδας. (De Republica, lib. V. p. 456, 457.).

Si les bornes de cet opuscule eussent permis de plus longs détails, on aurait pu citer de nombreux passages de la doctrine saint-simonienne, calqués sur des phrases de Platon : un tel parallèle ne manquerait pas d'intérêt.

il a saisi quelques-unes de ces idées sublimes, créa-trices, qui appartiennent au catholicisme. Le plan de la hiérarchie religieuse, le précepte de l'amour, l'idée même de l'association universelle, sont autant de grandes et fécondes doctrines que l'É-glise revendique.

Mais lorsque Saint-Simon aspire à devenir ori-ginal et s'écarte du Christianisme qui lui sert de modèle (1), aussitôt sa doctrine présente ou un mouvement rétrograde remarquable, ou une exa-gération ridicule. Jésus-Christ annonçait l'égalité des hommes aux yeux de Dieu, et la rétribution selon les œuvres dans la patrie céleste; Saint-Simon enseigne l'égalité des hommes à leurs propres regards, et le jugement définitif sur la terre. L'Homr-Dieu de Nazareth affranchis-sait la femme et brisait les fers de l'esclave: le philosophe français veut, malgré la nature, égaler la femme à l'homme et détruire la pro-priété. L'un proclame une vaste société religieuse où tous vivront dans une communauté de croyance; l'autre prêche une association politique où tous, barbares et policés, jouiraient des mêmes institu-tions, des mêmes avantages matériels. Mais, quand l'Évangile ordonne le triomphe de l'esprit et le

(1) *Nouveau Christianisme*, c'est le titre d'un des ouvrages de Saint-Simon.

servage de la chair, quand il confesse un Dieu spirituel et une âme immortelle, Saint-Simon *recule* (1) ; les enseignements, les préceptes et les promesses du Christ lui semblent au-dessus des forces humaines : il place sa religion comme *juste milieu* entre le Christianisme qui lui paraît trop haut, et le paganisme qui est trop bas; et il s'applaudit d'avoir concilié l'esprit et la matière à peu près comme ces philosophes qui expliquaient l'union de l'âme et du corps par un *médiateur plastique*, bizarre enfant de leur cerveau rêveur.

III

DE L'APPLICATION DE LA DOCTRINE DE SAINT-SIMON.

Les considérations qui précèdent conduisent à apprécier les résultats d'une pareille doctrine, si jamais elle recevait son application.

Peuples, tournez vos regards du côté de l'Orient, vers les ruines des anciens portiques d'Athènes, vers les vieilles demeures des mages et des gymnosophistes : c'est là qu'ils veulent vous ramener; ce n'est qu'une marche rétrograde de quelques mille

(1) Cette expression est répétée plusieurs fois dans les livres des saint-simoniens.

ans qu'ils prétendent vous imposer, ceux qui vantent la perfectibilité. Voyez ces arts, ces sciences, perfectionnement moral dont le Christianisme, de l'aveu de ses adversaires, vous avait fait possesseurs en soumettant les sens à la raison, la chair à l'esprit; c'est cette œuvre magnifique qu'ils viennent détruire, ceux qui vous parlent de l'amélioration de l'homme, et ils ne s'aperçoivent pas qu'en brisant la barrière qui contient les passions, ils vont frayer à ce torrent impétueux une voie large pour la ruine de la civilisation européenne, dont le laborieux enfantement a coûté dix-huit siècles. Pères, serrez pour la dernière fois vos enfants dans vos bras; et vous, enfants, pour la dernière fois, souriez à vos pères; tous ensemble dites adieu à vos affections domestiques; car c'est là ce que veulent vous enlever ceux qui se disent les propagateurs d'une loi d'amour. Puis jetez les yeux sur ce trône élevé d'où partent des oracles : c'est de là que vont descendre parmi vous des *torrents de vie, de poésie et de bonheur;* c'est là que se prononcent des jugements sans appel; car c'est là que se sont placés eux-mêmes ceux qui vous annoncent la liberté. Mais surtout n'oubliez pas de leur accorder les récompenses qu'ils vous demandent. « Vous entourerez « d'hommages et d'affections ceux qui vous entraî- « nent à votre bonheur, parce qu'ils y songeaient

« avant vous : donnez-leur des noms qui n'appar-
« tiennent qu'à eux, que les arts embellissent leur
« demeure, et l'entourent de tout ce que la poésie
« peut imaginer de plus brillant. Placez-les si haut,
« que tous les yeux puissent contempler en eux le
« symbole vivant des destinées sociales (1). » Leur
modeste ambition dédaigne les palmes du martyre ;
ce sont les richesses, les honneurs du monde,
qu'ils convoitent. Allez donc, donnez à vos nouveaux maîtres de la gloire, mais surtout de l'or, de
l'or à pleines mains. Donnez, et vous recevrez d'eux
en échange le denier du mercenaire, si toutefois
un denier leur reste après qu'ils auront satisfait
aux exigences de leurs vastes capacités.

Et comment croire sérieusement que toutes les
nations de la terre, à quelque degré de perfectionnement qu'elles appartiennent, Français et Iro-
quois, flegmatiques habitants du Nord et fougueux
enfants du Midi, viendront se soumettre à un
même joug, et qu'il sera possible d'astreindre tous
les membres de la grande famille humaine à une
même organisation sociale? Comment se persuader
que les passions vont disparaître de la terre à la
voix du législateur, comme au coup de baguette

(1) Ces paroles se trouvent à la page 59 et à la page 40 de l'*In-
troduction à la Doctrine de Saint-Simon*, *exposition*, première
année.

d'un magicien? que la capacité qui montera sur le
trône sera saluée par des acclamations unanimes,
comme si tous les hommes pouvaient apprécier tous
les genres de mérite, comme si la jalousie et l'amour-
propre devaient s'éteindre pour jamais? Et l'on
pense que, prosternés devant ce pontife-roi, *couple
générateur*, les esprits, tout indépendants et libres
que Dieu les ait faits, croiront en lui par sympathie, soumettront leur raison à la raison d'un autre
homme, recevront de sa bouche les maximes obscures d'une révoltante métaphysique, et qu'à son
ordre ils dépouilleront les sentiments les plus enra-
cinés, les affections les plus chères, renonceront à la
famille, à la propriété, et fouleront aux pieds toutes
les lois de leur être! Téméraire confiance que la nature confond et que la raison désavoue! Vaines
illusions qui seraient fécondes en déplorables résultats, s'il n'était heureusement impossible de les
réaliser.

CONCLUSION

Nous avons jeté sur la doctrine saint-simonienne un coup d'œil scrutateur. Elle se présentait

à nos regards comme fondée sur le principe de
la perfectibilité humaine, comme appuyée sur un
système historique que les faits vérifient, comme
appelée par les besoins de l'humanité : elle s'annonçait vraie dans ses dogmes, neuve et révélée
dans son origine, fertile et bienfaisante dans ses
résultats. Et l'histoire la dément, la conscience
de l'humanité la réprouve, le sens commun repousse ses dogmes, sa révélation est une fable, sa
nouveauté est une déception ; son application enfin,
qui tendrait à détruire toute science et toute morale, serait désastreuse, si elle n'était impossible ;
et, contradictoire avec son principe, elle ferait
reculer le genre humain bien loin en arrière du
point où il se trouve aujourd'hui.

D'un autre côté, nous apparaissait le Christianisme qui se proclame *catholique*, universel, et
qui doit, comme tel, embrasser tous les temps,
tous les lieux, tous les besoins de la nature
humaine. Et, en effet, il s'est déployé à nos
yeux comme le cadre immense dans lequel
l'humanité va se développant et se perfectionnant
sans cesse. Dès les premiers âges du monde, il se
présente sous la forme de la révélation primitive,
dénaturée bientôt par la faiblesse et les passions,
rappelée par la mission de Moïse, consommée enfin
par l'avènement, la vie et la mort de Jésus-Christ,

et confiée à la garde de l'Église pour subsister jusqu'à la fin des siècles.

Nous l'avons vu, d'accord avec les plus saines doctrines de la philosophie, prévoir tous les besoins de l'humanité pour les satisfaire. Il ne prétend pas, lui, imposer à l'intelligence une métaphysique qui soulève le sens commun : ses dogmes touchants et sublimes nourrissent l'esprit et remplissent le cœur d'onction et d'amour. Il n'a pas l'ambition, lui, d'envahir le globe, pour en soumettre tous les habitants à une chimérique uniformité : son royaume n'est pas de ce monde, de ce monde matériel où tout change, théâtre de perpétuelles vicissitudes : c'est dans le sanctuaire de l'âme, c'est sur la raison et le sentiment qu'il veut fonder son empire ; car les grands principes de la vérité et de la justice ne changent jamais. Il n'ordonne pas à l'homme, lui, de s'assujettir tout entier à la voix d'un de ses semblables ; il connaît trop bien la noble indépendance de notre nature. Au-dessus des rois qui jugent les peuples, il montre le Très-Haut qui juge les rois ; il apprend à l'innocent condamné à appeler de la justice humaine à la justice divine : au-dessus de l'Église qui enseigne, il découvre l'esprit de Dieu qui est avec elle, et qui lui communique son infaillibilité ; ce n'est pas aux lumières individuelles du souverain Pontife que le catholique soumet sa foi, c'est à celui qui parle par sa bouche.

Vainement avait-on accusé la religion de l'Évangile de jeter le mépris sur les sciences, les arts et l'industrie : nous l'avons vue environner d'encouragements protecteurs tout ce qui est vrai, beau et utile. Son application nous a semblé une glorieuse vérification de sa doctrine, et nous avons aperçu dans l'avenir les grandes destinées qui lui sont réservées.

Après cela, sans doute, il est facile à des hommes pleins de talents de construire un mannequin sans vie, de le revêtir de ridicules, et de lui donner le nom de christianisme, pour aller ensuite contre lui rompre la lance et croiser l'épée. Il leur est facile encore de recueillir les lambeaux de toutes les philosophies antiques, d'en faire une sorte de fantôme de religion, et de le présenter au peuple, revêtu de tout l'éclat de leur éloquence. Le peuple ira par curiosité à ces spectacles nouveaux, mais il reviendra en secouant la tête ; sa raison éclairée ne sera point dupe, et déjà le bon sens public a fait justice (1).

(1) Voici les paroles sévères adressées par un disciple de Saint-Simon aux *religionnaires prétendus saint-simoniens :* « Cette prétention (*de révélateurs*) n'est justifiable par aucune parole, par « aucun acte de la vie de Saint-Simon, par aucun mot de ses « écrits. En morale, la règle de ses paroles, de ses actes, de ses

Ce n'était donc point seulement pour combattre
le système de Saint-Simon qu'il fallait saisir la

« écrits, a été le christianisme. Il a reconnu l'orthodoxie des quinze
« premiers siècles de l'Église, et s'est déclaré par le fait membre
« de cette Église orthodoxe. Votre hiérarchie est un *plagiat* et votre
« dogme un *syncrétisme*. Vous veniez de lire l'histoire de l'Église,
« et vous avez superposé votre étoffe à la forme chrétienne pour
« découper sur ce patron, sauf à y glisser par-ci par-là quelques
« caprices de votre ciseau. »

Plus loin, l'auteur ajoute : « Le panthéisme des saint-simoniens
« est gros de trois conséquences : du système des castes hérédi-
« taires, de l'idolâtrie et de l'anthropophagie.

« En effet, on ne meurt pas, disent-ils, l'amour et la vie passent
« à l'instant dans un autre corps, et vont ainsi de migrations en
« migrations toujours grandissant, toujours progressant... Voilà
« par quelle formule ils remplacent l'immortalité de l'âme ; mais
« elle est antilogique au principe du panthéisme, si elle n'admet
« pas que la migration du mode spirituel est accompagnée de la
« migration simultanée du mode matériel. Or nous ne connaissons
« qu'un seul moyen pour expliquer comment cette migration a
« lieu en même temps, c'est de dire que la transmission des capa-
« cités a lieu par voie de génération : et ce principe est un de ceux
« sur lesquels est fondée l'institution des castes héréditaires. L'es-
« pèce humaine a passé par là.

« Voyons maintenant comme l'anthropophagie est une consé-
« quence du panthéisme... Ce n'est que l'absorption d'un homme
« par un autre. Or, s'il est dévoré par quelqu'un qui lui soit supé-
« rieur, c'est une migration favorable au tout ; car c'est un perfec-
« tionnement. Il ne faut pas croire que nos adversaires soient, sans
« y penser sans doute, bien loin de cette conséquence. Car ils ex-
« pliquent déjà l'autorisation de manger la chair des animaux, en
« affirmant que les dévorer, c'est leur faire faire un progrès. L'hu-
« manité a encore passé par là.

« Voyons l'idolâtrie : Dieu, disent-ils, est l'infini manifesté par
« le fini. Avec cette formule, mettons des artistes à l'œuvre. Ils
« peindront Dieu sous toutes les formes finies qu'ils pourront trou-
« ver, et ils feront ces statues belles, bizarres, sales, pudiques, ou
« ces assemblages grotesques que le panthéisme leur a permis dans
« d'autres époques ; et la preuve, c'est que nos adversaires sont
« descendus à des formules déjà admises dans d'autres temps, et

plume : il fallait s'emparer d'une occasion si favorable pour ramener les esprits sur des réflexions profondes, trop longtemps négligées; il fallait prendre acte de ce retour vers les études graves, vers les pensées généreuses, qui se manifeste aujourd'hui ; il fallait signaler enfin la confession authentique de la beauté et des bienfaits du Christianisme dans la bouche de ses adversaires.

Trop longtemps de désolantes maximes d'égoïsme et d'indifférence ont pesé sur notre belle patrie. La critique, au lieu d'aboutir à une consciencieuse investigation de la vérité, n'avait eu d'autre résultat que le découragement de l'esprit et la corruption des mœurs. Mais il y a dans le caractère français trop de noblesse et d'énergie pour laisser place à une complète désorganisation morale. Déjà les sciences ont rougi de leur propre dégradation : la philosophie a cessé d'être athée; de nombreux efforts ont été faits pour atteindre à des doctrines plus élevées, et déjà le succès les couronne.

Oui, elle refleurira, la vieille terre de France, elle se parera encore de cette antique pureté de mœurs qu'on avait crue perdue pour jamais; elle se parera de la sagesse de ses institutions et de la

« représentées dans les temples, à celle-ci, par exemple, que la « danse est le plus religieux des arts. » (*Lettre d'un disciple de la science nouvelle aux religionnaires prétendus saint-simoniens de l'Organisateur et du Globe, par P. C. R.....x.*)

triple gloire des sciences, des arts, de l'industrie.
Cette œuvre est à vous, jeunes gens. Vous avez
éprouvé tout le vide des jouissances physiques; un
besoin immense s'est fait sentir dans vos âmes;
vous avez connu que *l'homme ne vit pas seulement
de pain*, vous avez eu faim et soif de la vérité et de
la justice, et vous avez cherché cet aliment dans les
écoles philosophiques, vous avez couru aux leçons
des modernes apôtres, et rien de tout cela n'a
rempli vos cœurs. Voici que la religion de vos
pères vient s'offrir à vous, les mains pleines. Ne dé-
tournez pas vos regards; car elle aussi est généreuse
et jeune comme vous. Elle ne vieillit point avec le
monde : toujours nouvelle, elle vole au-devant des
progrès du genre humain ; elle se met à sa tête
pour le conduire à la perfection.

Et vous, fidèles amis de la foi, qui pleuriez
comme Jérémie sur les ruines de Jérusalem, essuyez
vos larmes et ne vous affligez plus. Vous avez en-
tendu gronder l'orage, et vous embrassiez en trem-
blant les colonnes du temple ; mais voici la tem-
pête qui finit. Si la terre tremble encore sous vos
pieds, ce sont les dernières secousses qui se font
sentir : déjà dans le lointain se lève l'aurore des
beaux jours, et la religion, appuyée désormais, non
plus sur un sceptre fragile, ni sur des trônes crou-
lants, mais sur les bras puissants de la science et

des arts, va s'avancer comme une reine vers les siècles futurs.

Ainsi se développaient à mes yeux ces grandes vérités ; des pensées pleines de consolations et d'espérances s'offraient à moi, et je me sentais pressé de dire ce que mon âme éprouvait. Je sais que mon langage est bien faible, et mon esprit bien débile encore : ce n'est pas d'un jeune homme de dix-huit ans qu'on a droit d'attendre une œuvre parfaite. Si donc j'ai failli, si bien des méprises m'ont échappé, attribuez-le, lecteurs, non pas à ma cause, mais à ma jeunesse et à mon impuissance;... et, si je vous parais avoir dignement soutenu la lutte, sachez donc ce que pourraient les catholiques eux-mêmes, quand leurs enfants ne craignent pas d'entrer en lice.

P. S. Le germe de ces Réflexions avait été déposé dans le *Précurseur*, numéros 11 et 14, lors du séjour des prédicateurs saint-simoniens à Lyon : ces messieurs avaient promis de répondre; la même promesse avait été faite sur le *Globe*, 18 mai; mais d'excellents motifs sans doute ont empêché de la tenir, car plus n'en a été question. Pour moi, il m'a semblé que mes premières idées, en recevant le développement convenable, pourraient être de quelque utilité; et c'est ce qui m'a déterminé à publier cet opuscule. Trop heureux si ces lignes pouvaient ramener le calme dans quelque âme agitée par le doute, ou rallumer le feu sacré de la religion et de la science dans quelqu'un de ces cœurs que le souffle de l'indifférence a glacés.

www.ingramcontent.com/pod-product-compliance
Lightning Source LLC
Chambersburg PA
CBHW052100270326
41931CB00012B/2835